LUTAS DE CLASSES
NA ALEMANHA

Karl Marx e Friedrich Engels

LUTAS DE CLASSES
NA ALEMANHA

Prefácio
Michael Löwy

Tradução
Nélio Schneider

Copyright desta edição © Boitempo, 2010

Tradução dos textos originais em alemão:
1. "Kritische Randglossen zu dem Artikel 'Der König von Preussen und die Sozialreform. Von einem Preussen", em Karl Marx e Friedrich Engels, *Werke* (Berlim, Karl Dietz, 1976, v. 1), p. 392-409.
2. "Forderungen der Kommunistischen Partei in Deutschland", em Karl Marx e Friedrich Engels, *Werke* (Berlim, Karl Dietz, 1971, v. 5), p. 3-5
3. "Ansprache der Zentralbehörde an den Bund vom März 1850", em Karl Marx e Friedrich Engels, *Werke* (5. ed., Berlim, Karl Dietz, v. 7, 1973), p. 244-54

Coordenação editorial	Ivana Jinkings
Editora-assistente	Bibiana Leme
Assistência editorial	Ana Lotufo, Elisa Andrade Buzzo e Gustavo Assano
Tradução	Nélio Schneider
Preparação	Edison Urbano
Revisão	Pedro Paulo da Silva
Capa	Acqua Estúdio Gráfico (sobre desenho de Maringoni)
Editoração eletrônica	Acqua Estúdio Gráfico
Produção	Livia Campos
Assistência de produção	Isabella Teixeira

CIP-BRASIL. CATALOGAÇÃO NA FONTE
SINDICATO NACIONAL DOS EDITORES DE LIVROS, RJ

M355L

Marx, Karl, 1818-1883
  Lutas de classes na Alemanha / Karl Marx e Friedrich Engels ; [apresentação de Michael Löwy ; tradução Nélio Schneider]. – 1. ed. – São Paulo : Boitempo, 2010.
  il. – (Coleção Marx-Engels)

Contém cronologia e índice

ISBN 978-85-7559-149-9

1. Alemanha – Política e governo. 2. Alemanha – Condições sociais. 3. Movimentos sociais – Alemanha. 4. Comunismo. 5. Socialismo. I. Engels, Friedrich, 1820-1895. II. Título. III. Série.

10-5544.
CDD 335.422
CDU 330.85

É vedada a reprodução de qualquer parte
deste livro sem a expressa autorização da editora.

1ª edição: novembro de 2010
5ª reimpressão: abril de 2024

BOITEMPO
Jinkings Editores Associados Ltda.
Rua Pereira Leite, 373
05442-000 São Paulo SP
Tel.: (11) 3875-7250 / 3875-7285
editor@boitempoeditorial.com.br
boitempoeditorial.com.br | blogdaboitempo.com.br
facebook.com/boitempo | twitter.com/editoraboitempo
youtube.com/tvboitempo | instagram.com/boitempo

SUMÁRIO

NOTA DA EDITORA 7

PREFÁCIO, *Michael Löwy* 9

DIE SCHLESISCHEN WEBER/OS TECELÕES DA SILÉSIA,
Heinrich Heine 23

GLOSAS CRÍTICAS AO ARTIGO "'O REI DA PRÚSSIA
E A REFORMA SOCIAL'. DE UM PRUSSIANO";
Karl Marx 25

REIVINDICAÇÕES DO PARTIDO
COMUNISTA DA ALEMANHA,
Karl Marx e Friedrich Engels 53

MENSAGEM DO COMITÊ CENTRAL À
LIGA [DOS COMUNISTAS],
Karl Marx e Friedrich Engels 57

ÍNDICE ONOMÁSTICO 77

CRONOLOGIA RESUMIDA 79

NOTA DA EDITORA

Este livro é composto de três textos, selecionados pelo filósofo Michael Löwy e nunca antes reunidos em uma mesma edição. A exemplo de *Lutas de classes na França – 1848 a 1850*, no qual Marx reuniu textos sobre a França, este volume contempla análises acerca da experiência alemã escritas por Marx e Engels quando contavam com 25 a 30 e poucos anos.

"Glosas críticas ao artigo 'O rei da Prússia e a reforma social. De um prussiano'" foi publicado por Marx no periódico *Vorwärts!*. A primeira parte, escrita em Paris em julho de 1844, foi divulgada no n. 63, em 7 de agosto de 1844. A segunda saiu no n. 64, em 10 de agosto, concluindo assim a crítica ao artigo de Arnold Ruge "O rei da Prússia e a reforma social. De um prussiano", publicado no *Vorwärts!* n. 60. "Reivindicações do Partido Comunista da Alemanha" foi escrito entre 21 e 29 de março de 1848 e impresso por volta de 30 de março de 1848, em Paris, e antes de 10 de setembro de 1848, em Colônia. A "Mensagem do Comitê Central à Liga [dos Comunistas]", por sua vez, foi escrita por Marx e Engels no final de março de 1850. Em 1851, esse documento, que fora apreendido com alguns membros da Liga presos pela polícia prussiana, foi publicado no *Kölnische Zeitung* [Jornal de Colônia] e no *Dresdner Journal und Anzeiger* [Jornal e Classificados de Dresden], ambos de cunho burguês, e mais tarde também no livro *Die Communisten-Verschwörungen des neunzehnten Jahrhunderts* [As conspirações comunistas do século XIX], compilado por Wermuth e Stieber, caracterizados por Engels como "dois dos mais miseráveis lúmpens da polícia". A versão aqui

Nota da editora

apresentada tem por base o texto revisado por Engels e publicado em 1885 como apêndice à edição do *Enthüllungen über den Kommunisten-Prozess zu Köln* [Revelações sobre o processo dos comunistas de Colônia] (Zurique, 1885), de Marx.

Enriquece este opúsculo o poema "Os tecelões da Silésia", escrito por Heinrich Heine em 1844 após o levante ocorrido no mesmo ano e que inspirou Marx a publicar as "Glosas críticas...", como aponta Löwy em seu "Prefácio". Os textos aqui presentes foram traduzidos por Nélio Schneider, incluindo o poema de Heine, no qual se optou por preservar o conteúdo em vez das rimas, a fim de manter o sentido que teria encantado Marx à época de sua publicação.

Lutas de classes na Alemanha é o nono título da coleção Marx-Engels, por meio da qual a Boitempo vem publicando as obras dos fundadores do marxismo em traduções diretas do alemão e sempre com a participação de intelectuais renomados. A relação completa da coleção encontra-se na página 94 deste volume.

Ao longo do texto, as notas de rodapé são precedidas de números quando foram inseridas pelos autores, e de asteriscos quando acrescentadas pelos editores – diferenciando-se também quando são da edição brasileira (N. E.), da edição alemã (N. E. A.), da edição inglesa (N. E. I.) ou da tradução (N. T.). Para destacar as inserções do tradutor ou da editora nos textos originais fizemos uso de colchetes. Esse recurso foi utilizado quando nos pareceu necessário esclarecer passagens, traduzir termos escritos pelo autor em outras línguas, que não o alemão, ou ainda ressaltar expressões no original cujo significado poderia ser traduzido de forma diferente.

Nossa publicação vem ainda acompanhada de um índice onomástico das personagens citadas nos textos de Marx e de uma cronobiografia resumida de Marx e Engels – que contém aspectos fundamentais da vida pessoal, da militância política e da obra teórica de ambos –, com informações úteis ao leitor, iniciado ou não na obra marxiana.

novembro de 2010

PREFÁCIO

Em 1895, vários anos depois da morte de Karl Marx, Friedrich Engels reuniu alguns artigos do amigo sobre a Revolução de 1848 na França – em sua maioria publicados, na época dos acontecimentos, na *Nova Gazeta Renana* – sob o título *Lutas de classes na França – 1848 a 1850*, que logo se tornou um clássico da literatura marxista. Nada equivalente foi feito em relação à Alemanha, embora Marx tivesse escrito vários textos sobre as lutas de classes alemãs, antes, durante e depois da Revolução de 1848-49 naquele país. Um volume sobre esse tema, equivalente ao dedicado à França, deveria incluir uma seleção dos artigos de Marx na *Nova Gazeta Renana*. Isso não foi possível, por várias razões, mas o presente livro – fruto de uma ideia compartida pelo autor deste prefácio e Ivana Jinkings, editora da Boitempo – é uma primeira tentativa de reunir alguns dos principais textos redigidos por Marx e Engels sobre a luta de classes na Alemanha – textos que visavam não apenas interpretar a realidade social e política, mas também transformá-la, para retomar a famosa Tese 11 sobre Feuerbach*.

Os três documentos incluídos neste pequeno volume são bastante distintos, mas se caracterizam por uma

---

* Em Karl Marx e Friedrich Engels, *A ideologia alemã* (São Paulo, Boitempo, 2007), p. 539. (N. E.)

Prefácio

formidável lucidez política – o que não exclui, como veremos, erros de avaliação – e pela capacidade de Marx de rever, corrigir, aprofundar e modificar sua filosofia, teoria, estratégia ou tática. O ensaio de 1844 é o mais filosófico dos três, embora se refira a um episódio concreto da luta de classes. Os outros dois, de 1848 e 1850, são intervenções diretas, em nome do Partido Comunista, no processo revolucionário; nem por isso deixam de ter – sobretudo o de 1850 – uma dimensão filosófico-metodológica importante. Embora assinados por vários dirigentes da Liga dos Comunistas, sabemos que foram redigidos – como o próprio *Manifesto Comunista** – pelos dois principais teóricos da organização. O fio condutor dos três documentos é o mesmo: a luta de classes na Alemanha entre explorados e exploradores, oprimidos e opressores, a dialética entre revolução social e política, ou socialista e democrática.

Apesar de seu evidente interesse teórico e político, esses documentos raramente são publicados fora das obras completas de Marx e Engels. Que seja de nosso conhecimento, nenhum deles foi antes traduzido diretamente do alemão para o português. O que é seguro é que esta edição brasileira é a primeira vez que os três textos aparecem reunidos em um só volume, em qualquer língua do mundo...

O ensaio "Glosas críticas ao artigo 'O rei da Prússia e a reforma social.' De um prussiano" é um comentario polêmico a um texto publicado em julho de 1844 pelo pensador neo-hegeliano, de sensibilidade democrático-republicana, Arnold Ruge – com o pseudônimo "um prussiano" – no *Vorwärts!* [Avante!], um periódi-

---
* São Paulo, Boitempo, 2010. (N. E.)

co de esquerda publicado por exilados alemães em Paris. As notas críticas de Marx apareceram no mesmo jornal, em agosto de 1844. Sob o título pouco atrativo – "Glosas críticas" – esconde-se um texto extremamente importante do ponto de vista teórico, geralmente ignorado pela literatura secundária.

O tema do debate entre Marx e Ruge é o levante dos tecelões da Silésia – província oriental da Prússia – em junho de 1844, a primeira revolta operária na história alemã moderna, esmagada pela intervenção do exército prussiano. Em homenagem aos insurretos, o poeta alemão exilado em Paris Heinrich Heine – grande amigo de Marx – publicara, sempre no *Vorwärts!*, um de seus mais célebres poemas políticos, "Os tecelões da Silésia", que apresenta esses operários rebeldes como uma força prestes a tecer o manto mortuário da velha Alemanha monárquica e reacionária. Aos olhos de Marx – mas também de vários de seus amigos, como testemunha sua correspondência – esse acontecimento veio confirmar, de maneira surpreendente, sua previsão, de poucos meses antes – no artigo sobre a filosofia do direito de Hegel* publicado no início de 1844 nos *Anais Franco-Alemães* – acerca do proletariado como única classe verdadeiramente revolucionária na Alemanha.

Contra Ruge, que considera o levante como um assunto puramente social, condenado ao fracasso pela ausência de uma "alma política", Marx insiste na superioridade da revolução social sobre a revolução unicamente política: enquanto a rebelião operária, mesmo local, tem uma "alma universal", a rebelião

---

* Publicado como apêndice em Karl Marx, *Crítica da filosofia do direito de Hegel* (2. ed., São Paulo, Boitempo, 2010), p. 145-57. (N. E.)

Prefácio

política tem necessariamente "um espírito mesquinho". A ousadia dos tecelões silesianos contrasta vivamente com a "passividade" da burguesia alemã. Desse ponto de vista, o artigo é uma brilhante análise da dinâmica da luta de classes na Alemanha, que será confirmada, pelo menos em parte, pelos acontecimentos de 1848: energia revolucionária das massas populares que se levantaram em março de 1848, tergiversações e finalmente capitulação da burguesia liberal.

Segundo Marx, o levante silesiano de junho de 1844 era dirigido não só contra as máquinas – como revoltas similares na França e na Inglaterra (o assim chamado "luddismo") – mas diretamente contra o poder dos patrões e dos banqueiros, assim como contra a propriedade privada burguesa. O resultado político foi que o levante acabou por reforçar "o servilismo e a impotência" da burguesia. Até aqui, a rebelião dos tecelões parece confirmar as intuições de Marx em seu artigo sobre a filosofia do direito de Hegel.

Entretanto, a partir de sua análise do evento, Marx chega a uma conclusão nova – radicalmente distinta mesmo – em relação a seu argumento no texto dos *Anais Franco-Alemães*: ele descobre "a excelente predisposição do proletariado alemão para o socialismo", "mesmo que se abstraia da teoria alemã", isto é, sem a intervenção do "relâmpago do pensamento" da filosofia alemã, elemento ativo da revolução segundo os termos do ensaio dos *Anais*.

Mais importante ainda: ele descobre, graças ao levante dos tecelões, que o proletariado não é o "elemento passivo" da revolução – terminologia dos *Anais* – mas exatamente o contrário: "Somente no socialismo um povo filosófico encontrará a práxis que lhe corresponde, ou seja, somente no *proletariado* encontrará o elemento ativo de sua libertação". Só nessa frase encontramos três temas novos em relação à sua perspectiva filosófica anterior, ainda bastante marcada pela problemática neo-hegeliana:

1. O povo e a filosofia não são mais representados como duas entidades separadas, a segunda "penetrando" a primeira (terminologia dos *Anais*). A expressão "povo filosófico" traduz a superação dialética dessa oposição.
2. O socialismo não é representado como uma teoria pura, uma ideia "nascida na cabeça do filósofo" (ensaio dos *Anais*), mas como uma práxis.
3. O proletariado aparece agora, diretamente, como o elemento *ativo* da emancipação.

Esses três elementos constituem já os primeiros fundamentos da teoria da autoemancipação revolucionária do proletariado: eles conduzem em direção à categoria da práxis revolucionária das "Teses sobre Feuerbach" (1845).

A crítica explícita do neo-hegelianismo e das ideias de Feuerbach – espírito ativo *versus* matéria passiva – será formulada nas "Teses" e na *Ideologia alemã* (1846)*; mas as "Glosas críticas" de agosto de 1844 representam já uma ruptura implícita: a partir de um evento histórico concreto – o levante dos tecelões – elas põem em questão, através da polêmica com Ruge, não só a filosofia hegeliana do Estado e a concepção estreitamente "política" da emancipação – o que os artigos de Marx nos *Anais Franco-Alemães* já haviam anunciado – mas também a concepção feuerbachiana da relação entre

---

* Karl Marx e Friedrich Engels, *A ideologia alemã*, cit. (N. E.)

a filosofia e o mundo, a teoria e a prática. Ao descobrir no proletariado o *elemento ativo* da emancipação, Marx, sem se referir até então a Feuerbach, rompe com o esquema que ainda era o seu no começo de 1844. Graças a essa tomada de posição *prática* sobre o movimento revolucionário, o caminho estava aberto para chegar à *filosofia da práxis*.

Sem dúvida, pode-se considerar que Marx exagera, nesse artigo, a consciência socialista e revolucionária do proletariado alemão, tal como se manifesta nesse evento de junho de 1844. Sua esperança no desenvolvimento de uma revolução social na Alemanha não se concretizará em 1848-49. Mas a problemática político-filosófica do ensaio supera os limites dessa conjuntura histórica precisa.

As "Reivindicações do Partido Comunista da Alemanha" foram redigidas por Marx e Engels logo depois do início da revolução na Alemanha, em março de 1848; uma revolução que se enfrenta não só com a monarquia absoluta – apoiada no poderoso exército prussiano – mas também com as várias oligarquias feudais que dividiam o país. Esse documento, escrito pouco depois do *Manifesto Comunista*, é um testemunho da importância que tinha, para os dois lutadores, a intervenção dos comunistas no processo da luta de classes revolucionária que se iniciava. Como no caso do *Manifesto*, o "Partido Comunista" em questão é ao mesmo tempo a pequena Liga dos Comunistas, cujos dirigentes, exilados, só depois de março de 1848 puderam voltar à Alemanha, e a corrente comunista no sentido amplo, histórico, da palavra.

Sabemos muito pouco sobre a difusão do documento na Alemanha, sua recepção por setores da população, seu possível impacto no curso dos acontecimentos. Temos, portanto, de nos limitar a uma análise de seu conteúdo. Trata-se de um programa que busca articular dialeticamente reivindicações democrático-burguesas, antifeudais, e outras, próprias às classes populares e mesmo à classe operária. Em sua dinâmica geral, é um programa democrático-revolucionário, mas que vai bem além dos limites de uma simples transformação do regime político, incluindo medidas pouco compatíveis com a propriedade privada burguesa. Ele revela, ao mesmo tempo, a ampla visão revolucionária de Marx e Engels, sua preocupação tática – construir uma ampla frente democrática e antifeudal, da qual a *Nova Gazeta Renana* tentará, mais tarde, ser a expressão – e suas ilusões iniciais na possibilidade de incluir a burguesia alemã nessa aliança.

O exemplo mais evidente dessas ilusões é a esperança de que a criação de um banco de estado e a introdução do papel moeda em vez do ouro permitiria "vincular os interesses dos burgueses conservadores à revolução". Logo depois dos primeiros meses da Revolução alemã de 1848, Marx e Engels se darão conta da impossibilidade de ganhar essa "burguesia conservadora" para o processo democrático-revolucionário. Mais preocupada com o perigo que representa para seus interesses a mobilização popular do que com as manobras da reação feudal, ela tenderá cada vez mais, no curso de 1848, a capitular diante do poder monárquico prussiano.

Entretanto, se se faz abstração dessas considerações táticas, a reivindicação de que todos os bancos privados sejam substituídos por um banco estatal é de uma incrível atualidade... em 2010. Em plena crise financeira internacional, provocada pela especulação

Prefácio

bancária desenfreada, assistimos à mais impressionante operação mundial de "salva-bancos" nos principais centros capitalistas do mundo, com centenas de bilhões de dólares – oriundos do imposto pago pela população – entregues, praticamente sem condições, aos principais bancos privados. A resposta racional e lógica não teria sido aquela proposta por Marx e Engels, a expropriação dos bancos e a criação de um serviço bancário público? No curso da crise atual, essa reivindicação só foi levantada, em alguns países, pelos comunistas revolucionários e pelos anticapitalistas consequentes.

Voltando ao texto de 1848, a tonalidade principal, como já observamos, é democrático-radical. República, sufrágio universal, educação popular gratuita, separação entre Igreja e Estado, justiça gratuita, imposto progressivo, limitação do direito de herança são reivindicações clássicas de uma revolução democrática. Deve-se observar, entretanto, que muitas dessas demandas – por exemplo, a abolição dos impostos sobre o consumo – nunca foram realizadas por nenhuma das democracias (burguesas) realmente existentes até hoje. Outras só conheceram realizações parciais, mutiladas pelos interesses do capital: é o caso do forte imposto progressivo, da limitação da herança etc.

É interessante notar que várias das reivindicações – em particular as que visam as propriedades e os tributos feudais – têm por objetivo ganhar para a revolução os camponeses, pequenos agricultores e arrendatários. Pode-se criticar um certo viés "estatal" dessas propostas – só mais tarde Marx e Engels vão se interessar pelas tradições comunitárias camponesas – mas é evidente que os autores do documento estão perfeitamente conscientes da importância dos camponeses para uma revolução democrática radical.

Entretanto, outras demandas desse programa, sem colocar diretamente em questão o princípio da propriedade privada, acabam constituindo um conjunto impressionante de incursões do poder público no campo econômico, limitando assim drasticamente o espaço para o mercado capitalista. É o caso da expropriação não só das propriedades feudais e dos bancos, já mencionados, mas do conjunto das minas e jazidas, assim como dos meios de transporte, e da instalação de fábricas nacionais, garantindo o emprego para todos os trabalhadores. Se acrescentamos a essas demandas o armamento geral do povo, criando um "exército operário", o programa supera implicitamente os limites de uma transformação puramente democrática, abrindo o caminho para uma transição pós-capitalista.

Em última análise, o programa visa unificar as classes populares em um processo revolucionário cuja dinâmica pode ir longe. Ele se dirige explicitamente, em sua conclusão, à classe dos produtores da riqueza – o proletariado, os pequenos cidadãos e pequenos agricultores – oprimida e explorada por um pequeno número. Em poucas palavras, é um chamado à luta de classes, com um conjunto de reivindicações que buscam impulsionar a revolução democrática até seus últimos limites, onde ela tende a se transformar em algo mais radical, que fica apenas implícito[1].

Se comparamos o Programa de março de 1848 com a "Mensagem do Comitê Central à Liga [dos Comunistas]", de março de 1850, ficará evidente todo o cami-

---

[1] A bem da verdade, deve-se notar a ausência, nesse programa, de reivindicações sobre os direitos das mulheres, já existentes na literatura socialista da época, por exemplo nos escritos de Flora Tristan, bem conhecidos de Marx e Engels.

nho percorrido por Marx e Engels nesses dois anos, e a nova concepção da revolução que resulta de sua experiência das lutas de classes na Alemanha.

A "Mensagem do Comitê Central à Liga [dos Comunistas]" foi uma circular enviada pelos dirigentes exilados da organização a seus militantes que haviam permanecido na Alemanha. Refugiados em Londres, Marx e Engels acompanham de perto os últimos combates da revolução iniciada em março de 1848. Essa modesta circular interna é na verdade um dos documentos políticos mais importantes escritos pelos autores do *Manifesto*. Baseado em uma apreciação perfeitamente ilusória e equivocada da situação na Alemanha, onde a contrarrevolução já havia ganhado a partida, ela prefigura entretanto as principais revoluções do século XX. Na realidade, esse documento contém a formulação mais explícita e coerente, na obra de Marx e Engels, da ideia de *revolução permanente*, isto é, a intuição da possibilidade objetiva, em um país "atrasado", absolutista e "semifeudal" como a Alemanha nessa época, de uma articulação dialética das tarefas históricas da revolução democrática e da revolução proletária, em um só processo histórico ininterrupto. Essa hipótese já aparecia, de uma forma filosófica abstrata, no ensaio sobre Hegel dos *Anais Franco-Alemães*, numa expressão filosófica mais concreta no artigo do *Vorwärts!* e, em termos mais diretamente políticos, em alguns artigos sobre a revolução alemã na *Nova Gazeta Renana* em 1848-49. É verdade também que em outros escritos de Marx ou de Engels, tanto antes como depois de 1850, encontramos análises que partem de uma perspectiva histórica bastante distinta, considerando o desenvolvimento do capitalismo industrial ou o estabelecimento de uma república parlamentar burguesa como uma etapa histórica distinta, anterior à luta pelo socialismo. A tensão, não resolvida, entre "permanentismo" e "etapismo" atravessa a obra dos dois pensadores revolucionários.

A circular de 1850 se encontra resolutamente no campo do "permanentismo". Constatando a capitulação da burguesia liberal diante do absolutismo, ela propõe aos comunistas alemães trabalhar para construir uma aliança do proletariado alemão com as forças democráticas da pequena burguesia, contra a coalizão reacionária entre a monarquia, os proprietários fundiários e a grande burguesia. Entretanto, essa coalizão democrática é concebida como um momento transitório em um processo revolucionário "permanente", até a supressão da propriedade burguesa e o estabelecimento de uma nova sociedade, uma sociedade sem classes – não somente na Alemanha, mas em escala internacional. Para isso, seria necessário que os operários formassem seus próprios comitês, seus governos revolucionários locais, e sua guarda proletária armada. Nada disso era possível na Alemanha de 1850 – o erro de avaliação de Marx e Engels é evidente, e eles próprios vão se dar conta do equívoco alguns meses mais tarde. No entanto, existe uma semelhança impressionante com o que vai se passar, num outro contexto histórico, claro, na Rússia em 1917: conselhos operários, guarda armada proletária, duplo poder, revolução em permanência até a supressão da propriedade capitalista.

Documento interno da Liga dos Comunistas, a circular de 1850 foi publicada pela primeira vez por Engels, como um anexo do livro de Marx *Enthüllungen über den Kommunisten-Prozess zu Köln* [Revelações sobre o processo dos comunistas de Colônia], editado

Prefácio

em Zurique, na Suíça, em 1885. Como era de se prever, provocou severas críticas da parte dos social-democratas alemães mais moderados; por exemplo, Eduard Bernstein, em seu livro *Os pressupostos do socialismo* (1898), denuncia a "revolução em permanência" como uma formulação "blanquista". Ora, não se encontra nem o conceito nem o termo nos escritos do grande revolucionário do século XIX, Auguste Blanqui. Na realidade, a fonte mais provável do termo são os escritos sobre a história da Revolução Francesa que Marx havia estudado e anotado em 1844-46, nos quais se mencionava o fato de os clubes revolucionários se reunirem "em permanência". Bernstein considera também, mas dessa vez com razão, que a *dialética* é a fonte de inspiração metodológica das ideias avançadas na circular. Segundo ele, a ideia da transformação da futura explosão revolucionária na Alemanha em uma "revolução permanente" era fruto da dialética hegeliana – um método "tanto mais perigoso quanto não é nunca inteiramente falso" –, que permite "passar bruscamente da análise econômica à violência política", já que "cada coisa traz em si o seu contrário"[2].

Com efeito, é unicamente graças à sua metodologia dialética que Marx e Engels foram capazes de superar o dualismo rígido e estático separando a evolução econômica e a ação política, a revolução democrática e a revolução socialista. É sua compreensão da unidade contraditória desses diferentes momentos e da possibilidade de saltos qualitativos – as "passagens bruscas" de que fala Bernstein – no processo histórico que lhes permitiu esboçar a problemática da revolução perma-

---

[2] E. Bernstein, *Les préssuposés du socialisme* (1899) (Paris, Seuil, 1974), p. 67.

nente. Contra esse método dialético, Bernstein não consegue propor outra coisa além de um "recurso ao empirismo" como "único meio de evitar os piores erros". Dialética contra empirismo: Bernstein não se equivocou, seria difícil definir de maneira mais precisa as premissas metodológicas que se enfrentam nessa polêmica.

Curiosamente, quando Leon Trotski formula, pela primeira vez, sua teoria da revolução permanente na Rússia, na brochura *Balanço e perspectivas* (1906), ele não parece conhecer a "Mensagem do Comitê Central à Liga [dos Comunistas]"; sua fonte terminológica é um artigo sobre a Rússia publicado em 1905 pelo biógrafo socialista alemão de Marx, Franz Mehring – que, este sim, conhecia e havia lido o documento de 1850, mesmo que não o citasse em seu texto.

O interesse desse escrito "sob o calor da luta" de Marx e Engels é que, apesar do evidente erro "empírico" de sua análise da situação na Alemanha, eles conseguiram captar um aspecto essencial das revoluções sociais do século XX, não somente na Rússia mas também na Espanha e nos países do Sul (Ásia e América Latina): a fusão explosiva entre as revoluções democrática (e/ou anticolonial) e socialista, em um processo ininterrupto, "permanente". Ideias similares serão desenvolvidas – sem necessariamente conhecer a circular de 1850 ou os escritos de Trotski – por marxistas latino-americanos, como José Carlos Mariátegui no fim dos anos 1920 e Ernesto "Che" Guevara em 1967, ou africanos, como Amílcar Cabral. A problemática continua sendo atual, como o demonstra o debate sobre o "socialismo do século XXI", em particular na América Latina.

Michael Löwy

OS TECELÕES DA SILÉSIA ## DIE SCHLESISCHEN WEBER

Heinrich Heine

Nos olhos sombrios nenhuma lágrima,	Im düstern Auge keine Träne
Sentados ao tear, eles rangem os dentes:	Sie sitzen am Webstuhl und fletschen die Zähne:
Alemanha, tecemos tua mortalha,	Deutschland, wir weben dein Leichentuch,
Tecemos nela a tripla maldição –	Wir weben hinein den dreifachen Fluch –
Tecemos, tecemos!	Wir weben, wir weben!
Maldição sobre o Deus ao qual rezamos	Ein Fluch dem Gotte, zu dem wir gebeten
no frio do inverno e passando fome.	In Winterskälte und Hungersnöten;
Esperamos e persistimos em vão –	Wir haben vergebens gehofft und geharrt –
Ele nos iludiu, nos tapeou, zombou de nós –	Er hat uns geäfft, gefoppt und genarrt –
Tecemos, tecemos!	Wir weben, wir weben!
Maldição sobre o rei, o rei dos ricos,	Ein Fluch dem König, dem König der Reichen,
que da nossa miséria não se condoeu,	Den unser Elend nicht konnte erweichen
que de nós extorque até o último vintém,	Der den letzten Groschen von uns erpreßt
e como a cães nos manda fuzilar –	Und uns wie Hunde erschiessen läßt –
Tecemos, tecemos!	Wir weben, wir weben!

Heinrich Heine

Maldição sobre o falso solo pátrio,	Ein Fluch dem falschen Vaterlande,
onde só viçam humilhação e vergonha,	Wo nur gedeihen Schmach und Schande,
onde cada flor bem cedo é vergada,	Wo jede Blume früh geknickt,
onde podridão e mofo deleitam os vermes –	Wo Fäulnis und Moder den Wurm erquickt –
Tecemos, tecemos.	Wir weben, wir weben!
Voa a lançadeira, range o tear	Das Schiffchen fliegt, der Webstuhl kracht,
Tecemos sem parar, dia e noite –	Wir weben emsig Tag und Nacht –
Velha Alemanha, tecemos tua mortalha,	Altdeutschland, wir weben dein Leichentuch,
Tecemos nela a tripla maldição –	Wir weben hinein den dreifachen Fluch,
Tecemos, tecemos!	Wir weben, wir weben!

Fonte: http://gutenberg.spiegel.de/?id=5&xid=1136&kapitel=117&cHash=3da378c6dbhh000158#gb_found

Tradução: Nélio Schneider

GLOSAS CRÍTICAS AO ARTIGO "'O rei da Prússia e a reforma social'. De um prussiano"[1]

Karl Marx

[1ª parte: *Vorwärts!*, n. 63, 7 de agosto de 1844]

O número 60 do *Vorwärts!* [Avante!] contém um artigo intitulado "O rei da Prússia e a reforma social", assinado: "Um prussiano".

De início, o pretenso prussiano* faz uma exposição do conteúdo da ordem expedida pelo gabinete real prussiano a respeito da *revolta dos trabalhadores silesianos* e da opinião do jornal francês *La Réforme* sobre a ordem do gabinete prussiano. O *La Réforme* teria considerado o "*susto* e o *sentimento religioso*" do rei como a fonte da ordem do gabinete. Teria vislumbrado nesse documento até mesmo o *pressentimento* das grandes reformas que estavam por sobrevir à sociedade burguesa. O "prussiano" dá a seguinte lição no *La Réforme*.

> O rei e a sociedade alemã ainda não chegou ao "pressentimento de sua reforma"[2] nem foram as revoltas silesianas e boêmias que geraram esse sentimento. É impossível apresentar a um país *apolítico* como a Alemanha a penúria *parcial* dos distritos fabris como um problema universal e

---

[1] Razões especiais me levam a declarar que este artigo é o primeiro que forneci ao *Vorwärts!* para publicação.

* Trata-se do filósofo e escritor Arnold Ruge, natural de Bergen, com quem Marx havia editado os *Anais Franco-Alemães*. (N. T.)

[2] Note-se o absurdo estilístico e gramatical: "O rei da Prússia e a sociedade ainda não *chegou* ao pressentimento de sua" (a quem se refere esse "sua"?) "reforma".

muito menos como um prejuízo para todo o mundo civilizado. Para os alemães, esse acontecimento possui o mesmo caráter de uma calamidade *local* causada por inundação ou fome. É por isso que o rei o toma como uma *falha de administração ou de assistência caritativa*. Por essa razão e porque bastou um pequeno contingente militar para acabar com os frágeis tecelões, a demolição das fábricas e máquinas tampouco causou *"susto"* no rei e nas autoridades. Isso mesmo! Nem sequer o sentimento *religioso* ditou a ordem de gabinete: ela é uma expressão bastante sóbria da política cristã e de uma doutrina que não permite que nenhuma dificuldade escape ao seu único remédio, a saber, "à boa intenção dos corações cristãos". Pobreza e crime são dois grandes males; quem pode saná-los? O Estado e as autoridades? Não, mas a união de todos os corações cristãos.

O pretenso prussiano nega que o rei tenha levado um *"susto"*, entre outras coisas, porque bastou um pequeno contingente militar para acabar com os frágeis tecelões.

Ou seja, num país em que banquetes com brindes e espuma de champanhe liberais – mencione-se a festividade de Düsseldorf – provocam uma ordem do gabinete real*, em *que não foi preciso* recorrer a um soldado sequer para acabar com os anseios *de toda* a burguesia liberal por liberdade de imprensa e Constituição, num país em que a obediência passiva está *à l'ordre du jour* [na ordem do dia] – num país assim, a necessidade de recorrer à força armada contra frágeis tecelões não seria um *acontecimento*, e um acontecimento *assustador*? Ademais, os frágeis tecelões obtiveram a vitória no primeiro confronto. Eles só foram esmagados por um refor-

---

* Ordem do Gabinete de Frederico Guilherme de 18 de julho de 1843, proibindo a participação de funcionários do governo em eventos organizados pelos liberais, como havia ocorrido no banquete de Düsseldorf, em comemoração à abertura da sétima Dieta Renana. (N. E. I.)

ço de tropas que acorreu posteriormente. A revolta de um grupo de trabalhadores seria menos perigosa por não ter sido necessário recorrer ao exército para sufocá-la? O sabido prussiano compare a revolta dos tecelões silesianos com as revoltas dos trabalhadores ingleses e verá que os tecelões silesianos são tecelões *poderosos*.

Com base na relação *geral* da *política* com as *mazelas sociais*, explicaremos porque a revolta dos tecelões não foi capaz de dar um *"susto"* fora do comum no rei. Adiantaremos apenas isto: a revolta não estava voltada diretamente contra o rei da Prússia, mas contra a burguesia. Sendo aristocrata e monarca absoluto, não há maneira de o rei da Prússia gostar da burguesia; e muito menos de se assustar quando o servilismo e a impotência desta são reforçados por uma relação tensa e complicada com o proletariado. Mais ainda: o católico ortodoxo é mais hostil ao protestante ortodoxo do que ao ateísta, na mesma proporção em que o legitimista se mostra mais hostil ao liberal do que ao comunista. Isso é assim, não porque o ateísta e o comunista tenham mais afinidade respectivamente com o católico e o legitimista, mas porque lhes são mais estranhos do que o protestante e o liberal, porque se encontram *fora* do seu círculo. O rei da Prússia, como político, tem sua oposição direta na política, no liberalismo. Para o rei, não existe a oposição do proletariado, na mesma medida em que o rei não existe para o proletariado. O proletariado já precisaria ter obtido um poder decisivo para abafar as antipatias e as oposições políticas e atrair toda a inimizade da política contra si mesmo. Por fim: para o caráter do rei, conhecido por sua avidez pelo *interessante* e *significativo*, deve ter sido inclusive uma surpresa agradavelmente excitante encontrar, em seu próprio território, aquele *pauperismo "interessante" e "tão decantado"* que lhe proporcionava a oportunidade de colocar-se novamente no centro das conversas. Como deve ter sido agradável a notícia de que já possuía um *pauperismo* prussiano *"próprio"*!

Nosso *"prussiano"* é ainda mais infeliz ao negar que o *"sentimento religioso"* tenha sido a fonte da ordem do gabinete real.

Por que o sentimento religioso não é a fonte da ordem do gabinete? Por ser uma expressão "bastante *sóbria* da política cristã", uma "expressão *sóbria*" da doutrina que "não permite que nenhuma dificuldade escape ao seu único remédio, a saber, à boa intenção dos corações cristãos".

O *sentimento religioso* não é a fonte da política *cristã*? Uma doutrina que tem como recurso universal a boa intenção dos *corações cristãos* não está baseada no sentimento religioso? Uma expressão *sóbria* do sentimento religioso deixa de ser uma expressão do sentimento religioso? E tem mais! Afirmo tratar-se de um sentimento religioso muito cheio de si, *inebriado* até, este que nega ao *"Estado e à autoridade"* a competência para a *"solução de grandes males"*, buscando-a na *"união dos corações cristãos"*. Trata-se de um sentimento religioso bastante *inebriado*, que – como admite o "prussiano" – vê todo o mal na falta de sentimento cristão e, em consequência, remete as autoridades ao único recurso que pode fortalecer esse sentimento: a *"exortação"*. Conforme o "prussiano", a *intenção cristã* é o objetivo da ordem de gabinete. É claro que o sentimento religioso, quando está inebriado, quando não está sóbrio, considera-se o único bem. Ao detectar um mal, atribui-o à sua *ausência*, pois, sendo o único bem, é o único que pode gerar o bem. Portanto, o sentimento religioso é que, por consequência, dita a ordem de gabinete ditada pelo sentimento religioso. Um político com sentimento religioso *sóbrio* não buscaria "auxílio" para a sua "perplexidade" na "exortação à intenção cristã feita por um pregador piedoso".

Então, de que maneira o pretenso prussiano demonstra ao *La Réforme* que a ordem de gabinete não é decorrência do sentimento religioso? Descrevendo, em toda parte, a ordem de gabinete como decorrência do sentimento religioso. Pode-se esperar que uma cabeça tão *ilógica* tenha alguma noção dos movimentos sociais? Ouçamos a sua *prosa* sobre a relação entre a *sociedade alemã* e o movimento operário e a reforma social de modo geral.

Façamos o que o "prussiano" negligencia: *diferenciemos* as diversas categorias que foram subsumidas na expressão "*sociedade alemã*": governo, burguesia, imprensa e, por fim, os próprios trabalhadores. Estas são as *diversas* massas de que se trata aqui. O "prussiano" subsume essas massas e as condena em massa a partir de sua excelsa perspectiva. De acordo com ele, a *sociedade alemã* "ainda não chegou ao *pressentimento* de sua 'reforma'".

Por que lhe falta esse instinto? O prussiano responde o seguinte:

> É impossível apresentar a um país *apolítico* como a Alemanha a penúria *parcial* dos distritos fabris como um problema universal e muito menos como um prejuízo para todo o mundo civilizado. Para os alemães, esse acontecimento possui o mesmo caráter de uma calamidade *local* causada por inundação ou fome. É por isso que o rei o toma como uma *falha de administração ou de assistência caritativa*.

Glosas críticas...

O "prussiano", portanto, explica essa compreensão *equivocada* da penúria dos trabalhadores a partir da *peculiaridade* de um *país apolítico*.

Admita-se que a Inglaterra seja um país *político*. Admita-se, ademais, que a Inglaterra seja o *país do pauperismo*, tendo inclusive esse termo origem inglesa. Examinar a Inglaterra constitui, portanto, o experimento mais seguro para obter conhecimento sobre a *relação* entre um país *político* e o *pauperismo*. Na Inglaterra, a penúria dos trabalhadores não é *parcial*, mas *universal*; ela não se limita aos distritos fabris, mas se estende aos distritos rurais. Nesse país, os movimentos não se encontram em fase de surgimento, mas são periodicamente recorrentes há quase um século.

Ora, como a burguesia *inglesa*, além do governo e da imprensa a ela associados, compreendem o *pauperismo?*

Na medida em que a burguesia inglesa admite que o pauperismo é *culpa da política*, o *whig* encara o *tory* e o *tory* o *whig* como a causa do pauperismo. De acordo com o *whig*, as fontes principais do pauperismo são o monopólio exercido pelo latifúndio e a legislação que proíbe a importação de cereal. De acordo com o *tory*, o mal está todo concentrado no liberalismo, na concorrência, no sistema fabril levado ao extremo. Nenhum dos partidos vê a razão na política em si; ao contrário, cada um a vê somente na política do partido contrário; nenhum dos dois partidos sequer sonha com uma reforma da sociedade.

A expressão mais categórica da compreensão inglesa do pauperismo – continuamos falando da compreensão própria da burguesia e do governo ingleses – é a *economia política inglesa*, isto é, o reflexo científico das condições em que se encontra a economia inglesa.

McCulloch, aluno do cínico Ricardo e um dos melhores e mais famosos economistas políticos ingleses, que conhece as condições atuais e deve, portanto, possuir uma visão abrangente do movimento da sociedade burguesa, ainda ousa, e isto durante uma preleção aberta ao público e sob aplausos, aplicar à economia política o que Bacon diz da filosofia:

> Aquele que, com verdadeira e incansável sabedoria, protela o seu juízo e avança passo a passo, superando um após outro os obstáculos que, como montanhas, detêm o andamento do estudo, chegará a seu tempo ao cume da ciência, onde se desfruta a paz e o ar puro, onde a natureza se descortina aos olhos em toda a sua beleza e de onde se pode descer por um trilho suavemente inclinado até os últimos detalhes da práxis.*

Que coisa boa o *ar puro* da atmosfera pestilenta das moradias nos porões ingleses! Que tremenda *beleza natural* a das fantásticas roupas esfarrapadas dos pobres ingleses e do corpo murcho, macilento das mulheres, consumidas pelo trabalho e pela miséria, a das crianças jogadas em montes de esterco, a dos fetos malformados gerados pelo excesso de trabalho na monótona atividade mecânica das fábricas! E que encantadores *os últimos detalhes da práxis*: a prostituição, o assassinato e a forca!

Até mesmo a parcela da burguesia inglesa que está bem consciente do perigo representado pelo pauperismo possui uma concepção não só *particular*, mas também, para dizê-lo sem rodeios, *infantil* e simplória desse perigo, assim como dos meios para saná-lo.

---

* Marx não cita a fonte. (N. T.)

Glosas críticas...

Por exemplo, o Dr. Kay, em sua brochura *Recent measures for the promotion of education in England* [Medidas recentes para a promoção da educação na Inglaterra], reduz tudo à educação negligenciada. E adivinhe-se a razão disso! É que, por deficiência na educação, o trabalhador não compreende "as leis naturais do comércio", leis que necessariamente o degradam ao pauperismo. É por isso que ele se revolta. Isso pode "causar embaraço à *prosperidade* das fábricas inglesas e do comércio inglês, abalar a confiança recíproca dos comerciantes, diminuir a estabilidade das instituições políticas e sociais".

Essa é a dimensão da insensatez da burguesia inglesa e de sua imprensa a respeito do pauperismo, a respeito dessa epidemia nacional que se propaga na Inglaterra.

Pressupondo, portanto, que haja fundamento nas acusações que o nosso "prussiano" faz à sociedade *alemã*, a razão disso estaria mesmo na condição *apolítica* da Alemanha? Mas, se de um lado a burguesia da Alemanha *apolítica* não consegue visualizar a importância universal de um caso de penúria *parcial*, a burguesia da Inglaterra *politizada*, em contrapartida, consegue ignorar a importância universal da penúria universal, uma penúria que evidenciou sua importância universal em parte por sua recorrência periódica no tempo, em parte pela propagação no espaço e em parte pelo fracasso de todas as tentativas de saná-la.

Além disso, o "prussiano" atribui à condição *apolítica* da Alemanha o fato de o rei da Prússia identificar a razão do pauperismo numa *falha de administração e de beneficência* e, em consequência, valer-se de *medidas administrativas e beneficentes* como meio para sanar o pauperismo.

Mas essa visão das coisas seria própria do rei da Prússia? Lancemos um rápido olhar para a Inglaterra, o único país onde se pode falar de uma grande ação *política* voltada ao pauperismo.

A atual legislação inglesa referente aos pobres data da lei constante do Ato nº 43 do governo de Elizabeth[3]. Em que consistem os meios de que dispõe essa legislação? Na obrigação das paróquias de prover auxílio aos seus trabalhadores pobres, no imposto para os pobres, na beneficência legal. Essa legislação – a beneficência pela via da administração – durou dois séculos. Após longas e dolorosas experiências, a que posicionamento chegou o Parlamento em sua *Amendment Bill* [Lei dos Pobres – emenda] de 1834?

De início, ele explica o terrível aumento do pauperismo como *"falha administrativa"*.

Em consequência, reforma-se a administração do imposto para os pobres, que era composta por funcionários das respectivas paróquias. Formam-se *uniões* de cerca de vinte paróquias, que são postas sob uma única administração. Um Departamento de Funcionários – Board of Guardians –, de funcionários eleitos pelos contribuintes, reúne-se em determinado dia na sede da união e toma decisões quanto à licitude do auxílio. Essas comissões são manobradas e supervisionadas por delegados do governo, pela Comissão Central da Somerset House, do *Ministério do Pauperismo*, conforme a designação certeira de um francês*. O capital que essa administração supervisiona praticamente se igua-

---

[3] Para os nossos propósitos, não é preciso remontar ao Estatuto do trabalhador, aprovado sob *Eduardo III*.

* Trata-se de Eugène Buret. (N. E. A.)

la à soma dos custos de administração da guerra na França. O número de administrações locais empregadas por ela chega a 500, e cada uma dessas administrações locais, por sua vez, oferece ocupação a pelo menos doze funcionários.

O parlamento inglês não se restringiu à reforma *formal* da administração.

Ele detectou a fonte principal da condição *aguda* do pauperismo inglês na própria *Lei dos Pobres*. O próprio meio legal contra a indigência social, a beneficência, favoreceria a indigência social. Quanto ao pauperismo em termos gerais, ele seria uma *lei natural eterna*, segundo a teoria de Malthus:

> Como a população procura incessantemente extrapolar os meios de subsistência, a beneficência é uma loucura, um incentivo público à miséria. Em consequência, o Estado nada pode fazer além de abandonar a miséria à sua sorte e, quando muito, facilitar a morte dos miseráveis.

O Parlamento inglês combinou essa teoria de caráter humanitário com o parecer de que o pauperismo seria a *miséria infligida a si mesmo pelo trabalhador*, não devendo, em consequência, ser prevenido como um infortúnio, mas reprimido e punido como um crime.

Foi assim que surgiu o regime das *workhouses*, isto é, dos asilos de pobres, cuja organização interna *dissuade* os miseráveis de buscar nelas refúgio para não morrerem de fome. Nas *workhouses*, a beneficência está engenhosamente entrelaçada com a *vingança* da burguesia contra o miserável que apela à sua beneficência.

A primeira coisa que a Inglaterra tentou, portanto, foi acabar com o pauperismo por meio da beneficência e de *medidas administrativas*. Depois, ela não encarou o avanço progressivo do pauperismo como consequência necessária da *indústria moderna*, mas como consequência do *imposto inglês para os pobres*. Ela compreendeu a penúria universal como uma mera *particularidade* da legislação inglesa. O que antes era derivado de uma *falha na* beneficência, passou a ser derivado de um *excesso de beneficência*. Por fim, a miséria foi vista como culpa dos miseráveis e, como tal, punida neles mesmos.

O significado universal que a Inglaterra *politizada* extraiu do pauperismo restringe-se a isto: no desdobramento do processo, apesar das medidas administrativas, o pauperismo foi tomando a forma de uma *instituição nacional*, tornando-se, em consequência, inevitavelmente em objeto de uma administração ramificada e bastante ampla, uma administração que, todavia, *não possui mais* a incumbência de sufocá-lo, mas de *discipliná-lo*, de perpetuá-lo. Essa administração desistiu de tentar estancar a fonte do pauperismo valendo-se de meios *positivos*; ela se restringe a cavar-lhe o túmulo, valendo-se da benevolência policial, toda vez que ele brota da superfície do país oficial. O Estado inglês, longe de ir além das medidas administrativas e beneficentes, retrocedeu aquém delas. Ele se restringe a administrar *aquele* pauperismo que, de tão desesperado, deixa-se apanhar e jogar na prisão.

Portanto, até agora o "prussiano" não mostrou nada de *singular* no procedimento do rei da Prússia. "Mas *por quê*?", exclama o grande homem com *rara ingenuidade*: "Por que o rei da Prússia não ordena de imediato a educação de todas as crianças desvalidas?" Por que ele se dirige primeiro às autoridades e espera por seus planos e suas sugestões?

Glosas críticas...

Esse "prussiano" supersabido se tranquilizará quando souber que, nesse ponto, o rei da Prússia é tão pouco original quanto em suas demais ações, que ele inclusive adotou a única maneira que um chefe de Estado *pode* adotar.

Napoleão quis acabar com a mendicância de um só golpe. Ele encarregou suas autoridades de preparar planos para a *erradicação* da mendicância de toda a França. O projeto foi sendo protelado; Napoleão perdeu a paciência e escreveu ao seu ministro do interior, Crétet, ordenando-lhe que acabasse com a mendicância no prazo de *um* mês; ele disse:

> Não se deve transitar por esta Terra sem deixar marcas que nos recomendem à memória da posteridade. Não me peçam mais três ou quatro meses para fazer verificações: tendes auditores jovens, prefeitos inteligentes, engenheiros de pontes e avenidas bem-formados; fazei com que todos se mexam e não fiquem dormitando no trabalho burocrático habitual.

Em poucos meses, estava tudo feito. No dia 5 de julho de 1808, foi promulgada a lei de repressão à mendicância. De que maneira? Mediante os Dépots [instituições de custódia policial], que se transformaram em penitenciárias com tanta rapidez que logo o pobre só conseguia chegar a essas instituições pela via do *tribunal da polícia correcional*. E, não obstante, M. Noailles du Gard, membro do corpo de legisladores, exclamou:

> Reconhecimento eterno ao herói que assegura à carência um refúgio e à pobreza os meios de subsistência. A infância não mais ficará abandonada, as famílias pobres não carecerão mais de recursos, nem os trabalhadores do encorajamento e da ocupação. *Nos pas ne seront plus arrêtés per l'image dégoûtante des infirmités et de la honteuse misère* [Não seremos mais molestados pela visão repugnante das enfermidades e da vergonhosa miséria].

A última passagem cínica constitui a única verdade desse panegírico.

Então, se Napoleão apela para o conhecimento de causa de seus auditores, prefeitos e engenheiros, por que o rei da Prússia não faria o mesmo com suas autoridades?

Por que Napoleão não ordenou de imediato a supressão da mendicância? Do mesmo calibre é a pergunta do "prussiano": "Por que o rei da Prússia não ordena de imediato a educação das crianças desvalidas?" O "prussiano" sabe o que o rei deveria ordenar? Nada além do *aniquilamento* do proletariado. Para educar crianças é preciso *alimentá-las* e *libertá-las do trabalho remunerado*. A alimentação e educação das crianças desvalidas, isto é, a alimentação e educação de *todo o* proletariado *em fase de crescimento*, representaria o aniquilamento do proletariado e do pauperismo.

Por um momento, a Convenção teve a coragem de *ordenar* a supressão do pauperismo, não *"de imediato"*, como exige o "prussiano" do seu rei, mas só depois de ter encarregado o Comitê de Saúde Pública da elaboração dos planos e projetos que se faziam necessários e depois de esse Comitê ter utilizado as investigações abrangentes da Assemblée Constituante [Assembleia Constituinte] sobre o estado da miséria francesa para propor, pela voz de Barère, a instituição do *Livre de la bienfaisance nationale* [Livro da beneficência nacional], etc. Qual foi a consequência da ordem da Convenção? A consequência foi que passou a haver uma ordem a mais no mundo e que, *um* ano depois, a Convenção seria sitiada por mulheres famintas.

A Convenção, contudo, era o *suprassumo* da *energia política*, do *poder político* e do *senso político*.

De imediato, sem primeiro se entender com as autoridades, *nenhum* governo do mundo emitiu *ordens* a respeito do pauperismo. O Parlamento inglês até mesmo enviou comissários a todos os países da Europa para tomar conhecimento dos diferentes remédios administrativos contra o mesmo. Porém, na medida em que os Estados se ocuparam com o pauperismo, restringiram-se às *medidas administrativas e beneficentes* ou retrocederam aquém da administração e da beneficência.

O Estado pode agir de outro modo?

O Estado *jamais* verá *no* "Estado e na organização da sociedade" a razão das *mazelas sociais*, como exige o prussiano do seu rei. Onde quer que haja partidos políticos, cada um deles verá a razão de *todo e qualquer* mal no fato de seu adversário estar segurando *o timão do Estado*. Nem mesmo os políticos radicais e revolucionários procuram a razão do mal na essência *do Estado*, mas em uma determinada *forma de Estad*o, que querem substituir por *outra* forma de Estado.

Do ponto de vista político, Estado e *organização da* sociedade não são *duas* coisas distintas. O Estado é a organização da sociedade. Na medida em que o Estado admite a existência de anomalias sociais, ele procura situá-las no âmbito das leis da natureza, que não recebem ordens do governo humano, ou no âmbito da *vida privada*, que é independente dele, ou ainda no âmbito da *impropriedade* da administração, que é dependente dele. Assim, para a Inglaterra a miséria está fundada na *lei da natureza*, segundo a qual a população constante e obrigatoriamente extrapola os meios de subsistência. Numa outra perspectiva, ela explica o pauperismo a partir da *má vontade dos pobres*, assim como o rei da Prússia o explica a partir da *mentalidade não cristã dos ricos* e a Convenção o explica a partir da intenção contrarrevolucionária suspeita dos proprietários. Consequentemente a Inglaterra pune os pobres, o rei da Prússia exorta os ricos e a Convenção decapita os proprietários.

Por fim, *todos* os Estados buscam a causa nas falhas *casuais* ou *intencionais* da *administração* e, por isso mesmo, em medidas administrativas o remédio para suas mazelas. Por quê? Justamente porque a *administração* é a atividade organizadora do Estado.

O Estado não pode suprimir a contradição entre a finalidade e a boa vontade da administração, por um lado, e seus meios e sua capacidade, por outro, sem suprimir a si próprio, pois ele *está baseado* nessa contradição. Ele está baseado na contradição entre a *vida pública* e a *vida privada*, na contradição entre os *interesses gerais* e os *interesses particulares*. Em consequência, a administração deve restringir-se a uma atividade formal e negativa, porque o seu poder termina onde começa a vida burguesa e seu labor. Sim, frente às consequências decorrentes da natureza associal dessa vida burguesa, dessa propriedade privada, desse comércio, dessa indústria, dessa espoliação recíproca dos diversos círculos burgueses, frente a essas consequências a *lei natural* da administração é a *impotência*. Porque essa dilaceração, essa sordidez, esse *escravismo* da sociedade burguesa é o fundamento natural sobre o qual está baseado o Estado moderno, assim como a sociedade "burguesa" do escravismo era o fundamento natural sobre o qual estava baseado o Estado antigo. A existência do Estado e a existência da escravidão são inseparáveis. A *fusão*

Glosas críticas...

do Estado antigo com a escravidão antiga – antíteses *clássicas* declaradas – não era mais íntima do que a do Estado moderno com o moderno mundo da barganha – antíteses *cristãs* dissimuladas. Se quisesse eliminar a impotência de sua administração, o Estado moderno teria de eliminar a atual *vida privada*. Se ele quisesse eliminar a vida privada, teria de eliminar a si mesmo, porque ele existe *tão somente* como antítese a ela. Porém, nenhum *vivente* julgará que as deficiências de sua existência estejam fundadas no *princípio* de sua vida, na essência de sua vida, mas sempre em circunstâncias *exteriores* à sua vida. O suicídio é antinatural. O Estado não pode, portanto, acreditar que a impotência seja inerente à sua administração, ou seja, a si mesmo. Ele pode *tão somente* admitir deficiências formais e casuais na mesma e tentar corrigi-las. Se essas modificações não surtem efeito, a mazela social é uma imperfeição natural que independe do ser humano, uma *lei divina*, ou a vontade das pessoas particulares está corrompida demais para vir ao encontro dos bons propósitos da administração. E como são pervertidas essas pessoas particulares! Eles reclamam do governo toda vez que este limita sua liberdade, mas exigem do governo que este impeça as consequências necessárias dessa liberdade!

Quanto mais poderoso for o Estado, ou seja, quanto mais *político* for um país, tanto menos estará inclinado a buscar no *princípio do Estado*, ou seja, na *atual organização da* sociedade, da qual o Estado é expressão ativa, autoconsciente e oficial, a razão das mazelas *sociais* e a compreender seu princípio *universal*. O entendimento *político* é entendimento *político* justamente porque pensa *dentro* dos limites da política. Quanto mais aguçado, quanto mais ativo ele for, tanto *menos capaz* será de compreender mazelas sociais. O período *clássico* do entendimento político é a *Revolução Francesa*. Longe de vislumbrar no princípio do Estado a fonte das deficiências sociais, os heróis da Revolução Francesa veem, antes, nas deficiências sociais a fonte das irregularidades políticas. Nessa linha, Robespierre vê a vasta pobreza e a grande riqueza apenas como um empecilho para *a democracia pura*. Em consequência, ele deseja estabelecer uma frugalidade *espartana* universal. O princípio da política é a *vontade*. Quanto mais unilateral, ou seja, quando mais bem-acabado for o entendimento *político*, tanto mais ele acredita na *onipotência* da vontade, tanto mais cego ele é para as *limitações naturais* e intelectuais da vontade, tornando-se, portanto, tanto menos capaz de desvendar a fonte das mazelas sociais. Não há necessidade de dizer mais nada contra a esperança simplória do "prussiano", segundo a qual o *"entendimento político"* é chamado a *"desvendar a raiz da penúria social* para a Alemanha".

Não só foi tolice exigir do rei da Prússia um poder tal como nem a Convenção e Napoleão juntos possuíram; também foi tolice esperar dele uma visão que ultrapassa os limites de *toda* a política, uma visão que o sabido "prussiano" está tão longe de possuir quanto o seu rei. A tolice dessa declaração fica ainda mais evidente quando o "prussiano" nos confidencia o seguinte: "Belas palavras e boa intenção custam *barato*; a noção das coisas e as ações eficazes *custam caro*; nesse caso, elas até *são mais do que caras*: elas ainda nem *estão à venda*".

Se ainda nem estão à venda, então se deve dar o devido reconhecimento a todo aquele que tenta fazer o possível a partir de sua posição. Aliás, deixo ao tato do leitor decidir se, neste caso, a linguagem mercantilista do "barato", "caro", "mais do que caro", "nem estão à venda", própria de um cigano, pode ser associada às categorias das *"belas palavras"* e da *"boa intenção"*.

Portanto, supondo que as observações do "prussiano" sobre o governo alemão e a burguesia alemã – esta certamente deve estar incluída na "sociedade alemã" – tenham total fundamento, essa parcela da sociedade estaria mais perplexa na Alemanha do que na Inglaterra e na França? Seria possível ficar mais perplexo do que, por exemplo, na Inglaterra, onde a *perplexidade* tomou a forma de sistema? Hoje, quando irrompem revoltas de trabalhadores em toda a Inglaterra, a burguesia e o governo daquele país não estão mais bem aparelhados do que no último terço do século XVIII. Seu único recurso é a violência física, e como a violência física diminui na mesma proporção em que o pauperismo se propaga e o conhecimento de causa do proletariado aumenta, a perplexidade inglesa necessariamente cresce em proporção geométrica.

Por fim, é inverídico e sem respaldo nos fatos que a burguesia alemã ignore inteiramente o significado universal da revolta silesiana. Em várias cidades, os mestres-artesãos procuram se associar aos artesãos. Todos os jornais liberais alemães, os órgãos da burguesia liberal extravasam temáticas como a organização do trabalho, a reforma da sociedade, a crítica aos monopólios e à concorrência etc. Tudo em decorrência dos movimentos dos trabalhadores. Os jornais de Trier, Aachen, Colônia, Wesel, Mannheim, Breslau e até de Berlim trazem com frequência artigos bastante lúcidos sobre questões sociais, com os quais o "prussiano" poderia ao menos se instruir. E mais: cartas vindas da Alemanha externam continuamente sua admiração com respeito à fraca resistência da burguesia às tendências e ideias *sociais*.

Se o "prussiano" estivesse mais familiarizado com a história dos movimentos sociais teria formulado sua pergunta ao inverso. Por que até mesmo a burguesia alemã interpreta a penúria parcial de modo relativamente tão universal? De onde provém a *animosidade* e o *cinismo* da burguesia *política*, de onde a *falta de resistência* e as *simpatias* da burguesia *apolítica* para com o proletariado?

[2ª parte: *Vorwärts!*, n. 64, 10 de agosto de 1844]

Passemos aos oráculos do "prussiano" sobre os trabalhadores alemães. Ele diz, gracejando:

> Os alemães pobres não são mais inteligentes do que os pobres alemães, isto é, em lugar nenhum eles enxergam um palmo além do seu fogão, de sua fábrica, do seu distrito: a alma política que a tudo impregna até agora ainda está ausente de toda essa questão.

Para poder comparar a condição dos trabalhadores alemães com a condição dos trabalhadores franceses e ingleses, o "prussiano" deveria comparar *a forma inicial*, o começo dos movimentos dos trabalhadores da França e da Inglaterra com o movimento alemão recém-iniciado. Ele deixa de fazê-lo. Consequentemente, o seu arrazoado leva a trivialidades, tais como: na Alemanha, a *indústria* ainda não está tão evoluída quanto na Inglaterra, ou que, na fase inicial, um movimento apresenta traços diferentes do que durante o seu desenvolvimento. Sua intenção era discorrer sobre a pecu-

Glosas críticas...

liaridade do movimento dos trabalhadores alemães. Ele não diz uma palavra sequer sobre esse seu tema.

Em vez disso, posicione-se o "prussiano" na perspectiva correta. Ele descobrirá que *nem sequer uma* das revoltas de trabalhadores da França e da Inglaterra teve um caráter tão *teórico* e *consciente* quanto a revolta dos tecelões da Silésia*.

Recordemos, em primeiro lugar, a *canção dos tecelões***, esse arrojado *grito* de guerra, na qual o fogão, a fábrica e o distrito nem sequer são mencionados; ao contrário, o proletariado proclama de imediato a sua contrariedade com a sociedade da propriedade privada, e isto de maneira contundente, cortante, resoluta e violenta. A revolta silesiana começa justamente no ponto em que as revoltas dos trabalhadores da França e da Inglaterra terminam, ou seja, consciente da essência do proletariado. A própria ação possui esse caráter *superior*. Não são destruídas apenas as máquinas, essas rivais dos trabalhadores, mas também *os livros contábeis*, os títulos de propriedade, e, ao passo que todos os demais movimentos se voltaram apenas contra o *industrial*, o inimigo visível, este movimento se voltou simultaneamente contra o banqueiro, o inimigo oculto. Por fim, nenhuma revolta de trabalhadores da Inglaterra foi conduzida com tanta bravura, ponderação e persistência.

---

* De 4 a 6 de junho de 1844, os tecelões dos povoados silesianos de Langenbielau (Bielawa) e Peterswaldau (Pieszyce) se revoltaram contra os métodos brutais de espoliação e a redução de salários. No mesmo ano, os trabalhadores têxteis de Praga e de outros centros industriais da Boêmia tomaram as fábricas e destruíram as máquinas. (N. E. A.)

** Marx se refere à canção *Das Blutgericht* [O tribunal de morte], muito difundida nas regiões têxteis às vésperas da revolta dos tecelões. (N. E. A.)

No que se refere ao nível de instrução ou o potencial de formação dos trabalhadores alemães em geral, faço menção aos escritos geniais de Weitling, que no aspecto teórico muitas vezes vão além do próprio Proudhon, por mais que fiquem aquém dele no aspecto da exposição. Onde a burguesia encontraria – inclusive entre seus filósofos e escribas – obra similar a *Garantien der Harmonie und Freiheit* [Garantias de harmonia e liberdade], de Weitling, para apresentar em relação à emancipação da burguesia – a sua emancipação política? A comparação entre a mediocridade sóbria e acanhada da literatura política alemã e essa estreia literária *descomunal* e brilhante dos trabalhadores alemães; a comparação entre esses gigantescos *sapatos infantis* do proletariado e o nanismo dos desgastados sapatos políticos da burguesia alemã leva necessariamente a profetizar um *porte atlético* para a *Cinderela alemã*. É preciso reconhecer que o proletariado alemão constitui o *teórico* do proletariado europeu, assim como o proletariado inglês é seu *economista político* e o proletariado francês seu político. É preciso reconhecer que a Alemanha possui uma vocação *clássica* para a revolução *social*, que é do tamanho da sua incapacidade para a revolução *política*. Porque assim como a impotência da burguesia alemã equivale à impotência *política* da Alemanha, a predisposição do proletariado alemão é a predisposição *social* da Alemanha – mesmo que se abstraia da teoria alemã. O descompasso entre o desenvolvimento filosófico e o desenvolvimento político na Alemanha não constitui nenhuma *anormalidade*. Trata-se de um descompasso necessário. Somente no socialismo um povo filosófico encontrará a práxis que lhe corresponde, ou seja, somente no proletariado encontrará o elemento ativo de sua libertação.

Todavia, neste momento não tenho tempo nem vontade de explicar ao "prussiano" a relação entre a "sociedade alemã" e a revolução social e, a partir dessa relação, a fraca reação da burguesia alemã ao socialismo, por um lado, e, por outro, a excelente predisposição do proletariado alemão para o socialismo. Ele encontrará os elementos iniciais para a compreensão desse fenômeno na minha "Crítica da filosofia do direito de Hegel – Introdução" (in: *Anais Franco-Alemães*)*.

Portanto, a inteligência dos *alemães pobres* é inversamente proporcional à inteligência dos *pobres alemães*. No entanto, pessoas que submetem qualquer objeto a exercícios públicos de estilo literário são levadas a um conteúdo equivocado por essa mesma atividade *formal*, ao passo que o conteúdo equivocado, por sua vez, imprime à forma o cunho da banalidade. Assim sendo, a tentativa do "prussiano" de adotar, no caso das agitações dos trabalhadores silesianos, a forma da antítese, desencaminhou-o para a maior antítese com relação à verdade. A única tarefa que se impõe a um cérebro pensante e que preza a verdade em vista da primeira irrupção da revolta dos trabalhadores silesianos não consistia em bancar o mestre-escola desse acontecimento, mas, antes, em estudar o seu caráter *peculiar*. Para isso necessita-se, todavia, de alguma noção científica e um pouco de humanidade, ao passo que, para a outra operação, é ple-

---

* Publicado como apêndice em Karl Marx, *Crítica da filosofia do direito de Hegel* (2. ed., São Paulo, Boitempo, 2005), p. 145-57. (N. T.)

namente suficiente dispor de uma fraseologia pronta embebida num amor-próprio fútil.

Por que o "prussiano" faz um juízo tão depreciativo dos trabalhadores alemães? Porque ele julga que "toda essa questão" – a saber, a questão da penúria dos trabalhadores – "*até agora ainda*" está desprovida da "alma *política* que a tudo impregna". Ele explica mais detalhadamente o seu apreço platônico pela *alma política* como segue:

> Serão sufocados em sangue e incompreensão todas as revoltas que irromperem nesse funesto *isolamento das pessoas em relação à comunidade* e de suas *ideias em relação aos princípios sociais*; porém, assim que a penúria gerar o entendimento e o entendimento *político* dos alemães descobrir a raiz da penúria social, também na Alemanha esses acontecimentos serão percebidos como sintomas de uma grande revolução.

Primeiramente o "prussiano" nos permita uma observação *estilística*. A sua antítese está incompleta. Na primeira parte, consta que a *penúria* gera o *entendimento*, e, na segunda parte, que o *entendimento político* descobre a *raiz da penúria social*. O *simples* entendimento da primeira parte da antítese se transforma em entendimento *político* na segunda parte, assim como a simples penúria da primeira parte passa a ser penúria *social* na segunda parte. Por que esse artista do estilo dotou ambas as partes da antítese de maneira tão desigual? Não creio que ele tenha feito isso conscientemente. Farei agora uma leitura do seu real *instinto*. Se o "prussiano" tivesse escrito: "A penúria *social* gera o entendimento *político* e o *entendimento político* descobre a raiz da penúria *social*", nenhum leitor imparcial teria deixado de perceber o contrassenso dessa antítese. A primeira coisa que cada um teria se perguntado é: por que o anônimo não associa o entendimento social à penúria social nem

Glosas críticas...

o entendimento político à penúria política, como manda a lógica mais elementar? Mas, passemos à questão propriamente dita!

É completamente falso afirmar que a *penúria social* gera o entendimento *político*; antes, o inverso: é o *bem-estar social* que gera o entendimento *político*. O entendimento *político* é um espiritualista e é dado àquele que já tem, àquele que já está confortavelmente acomodado em seu ninho. Nosso "prussiano" queira ouvir sobre isso um economista político francês, o Sr. Michel Chevalier:

> No ano de 1789, quando a burguesia se insurgiu, faltava-lhe, para ser livre, apenas a participação no governo do país. A sua libertação consistia em tirar a condução das questões públicas, as mais altas funções civis, militares e religiosas das mãos dos privilegiados, que detinham o monopólio dessas funções. Sendo rica e esclarecida, capaz de bastar a si mesma e conduzir a si mesma, ela quis subtrair-se ao *régime du bon plaisir* [regime arbitrário].*

Já demonstramos ao "prussiano" o quanto o entendimento *político* é incapaz de descobrir a fonte da penúria social. Mais *um* comentário sobre essa sua concepção. Quanto mais culto e universal for o entendimento *político* de um povo, tanto mais o proletariado – ao menos no início do movimento – desperdiça suas forças em rebeliões insensatas, inúteis e sufocadas em sangue. Por pensar na forma da política, ele vislumbra a causa de todas as mazelas na *vontade* e todos os meios para solucioná-las na *violência* e na *derrubada* de uma determinada forma de Estado. Prova: as primeiras rebeliões do proletariado *francês***. Os trabalhadores de Lyon

---

* Marx não cita a fonte. (N. T.)

** As revoltas dos tecelões de seda de Lyon, nos anos de 1831 e 1834, foram os primeiros levantes autônomos da classe trabalhadora contra a burguesia, dando início ao moderno movimento dos trabalhadores. (N. E. A)

acreditavam estar perseguindo apenas propósitos políticos, pensavam ser apenas soldados da república, quando, na verdade, eram soldados do socialismo. Desse modo, seu entendimento político toldou-lhes a visão para a raiz da penúria social; desse modo, ele falsificou a compreensão do seu real propósito, de maneira que o seu entendimento *político* iludiu o seu *instinto social*.

Mas se o "prussiano" espera que a penúria gere o entendimento, por que ele mistura *"sufocamentos em sangue"* com *"sufocamentos em incompreensão"*? Se a penúria por si só já é um meio de gerar entendimento, a penúria *sangrenta* constitui um meio até bastante *drástico* de gerá-lo. O "prussiano" deveria, portanto, dizer: o sufocamento em sangue sufocará a incompreensão e propiciará um fôlego considerável ao entendimento.

O "prussiano" vaticina o sufocamento das revoltas que irrompem no "funesto isolamento das pessoas em relação à comunidade e de suas ideias em relação aos princípios sociais".

Já mostramos que a revolta silesiana de modo algum aconteceu com base na separação entre ideias e princípios sociais. Resta a considerar ainda o "funesto isolamento das pessoas em relação à comunidade". Por comunidade deve-se entender aqui a *comunidade política*, o *sistema estatal*. É a velha ladainha da Alemanha *apolítica*.

Não irrompem todas as revoltas, sem exceção, no funesto isolamento das pessoas em relação à comunidade? *Toda e qualquer* revolta não pressupõe necessariamente o isolamento? A revolução de 1789 teria acontecido se não fosse o funesto isolamento dos cidadãos franceses em relação à comunidade? Ela justamente se propunha a acabar com esse isolamento.

Glosas críticas...

Contudo, a *comunidade*, em relação à qual o trabalhador está isolado, possui uma realidade e uma dimensão bem diferentes daquelas que são próprias da comunidade *política*. Essa comunidade, da qual o *seu próprio trabalho* o separa, é a *vida* mesma, a vida física e espiritual, a moralidade humana, a atividade humana, o usufruto humano, a condição *humana*. A *condição humana* [*menschliches Wesen*] é a *verdadeira comunidade* dos humanos [*Gemeinwesen der Menschen*]. O funesto isolamento em relação a essa condição é incomparavelmente mais abrangente, mais insuportável, mais terrível e mais contraditório do que o isolamento em relação à comunidade política; na mesma proporção, a eliminação desse isolamento e até mesmo uma reação parcial a ele, uma revolta contra ele, tem um alcance infinitamente maior, assim como o ser humano é infinitamente maior do que o cidadão e a *vida humana* é infinitamente maior do que a *vida política*. Em consequência, por mais *parcial* que seja, a revolta *industrial* comporta uma alma universal e, por mais universal que seja, a revolta *política* abriga, sob sua forma mais *colossal*, um espírito *mesquinho*.

O "prussiano" conclui seu artigo dignamente com a seguinte frase de efeito: "Uma *revolução social sem alma política* (isto é, sem a noção organizadora da perspectiva do todo) é impossível".

O que se viu foi isto: uma revolução *social* encontra-se na perspectiva do *todo* – mesmo que ocorra em *um único* distrito fabril – por ser um protesto do ser humano contra a vida desumanizada, por partir da *perspectiva* de *cada* indivíduo real, porque a *comunidade* contra cujo isolamento em relação a si o indivíduo se insurge é a *verdadeira* comunidade dos humanos, a saber, a condição *humana*. Em contrapartida, a *alma política* de uma revolução consiste na *tendência* das classes sem influência política de eliminar seu *isolamento* em relação ao *sistema estatal* e ao *governo*. Sua perspectiva é a do Estado, a de um todo *abstrato*, que somente ganha existência pelo isolamento em relação à vida real, que é *impensável* sem a contraposição organizada entre ideia universal e existência individual do ser humano. Consequentemente uma revolução de alma política também organiza, em conformidade com a natureza *restrita* e contraditória dessa alma, um círculo dominante na sociedade, à custa da sociedade.

Queremos confidenciar ao "prussiano" o que é uma "revolução *social* com alma política"; simultaneamente lhe confiaremos o segredo de que ele próprio não consegue, nem mesmo em seu *palavreado*, elevar-se acima de uma perspectiva política obtusa.

Uma revolução "social" com alma política pode ser um contrassenso complexo, caso o "prussiano" entenda por revolução "social" uma revolução "social" em contraposição a uma revolução política, emprestando, não obstante, à revolução social uma alma política em vez de uma alma social. Ou uma "revolução social com alma política" nada mais é que uma paráfrase daquilo que, de resto, foi denominado de "revolução política" ou "revolução pura e simples". Toda e qualquer revolução dissolve a *antiga* sociedade; nesse sentido, ela é *social*. Toda e qualquer revolução derruba o *antigo poder*; nesse sentido, ela é *política*.

O "prussiano" faça sua escolha entre a *paráfrase* e o *contrassenso*! Contudo, na mesma medida em que uma revolução com alma política é parafrástica ou absurda, uma revolução política com alma social faz sentido. A revolução como tal – a derrubada do poder constituído e a *dissolução* das relações antigas – é um *ato político*. No entanto, sem revolução o *socialismo* não poderá se concretizar. Ele necessita desse ato *político*, já que necessita recorrer à *destruição* e à *dissolução*. Porém, quando tem início a sua *atividade organizadora*, quando se manifesta o seu *próprio fim*, quando se manifesta a sua *alma*, o socialismo se desfaz do seu invólucro *político*.

Todas essas digressões se fizeram necessárias para arrebentar a *trama* de erros que se escondem numa única coluna de jornal. Nem todos os leitores podem dispor da formação e do tempo para dar-se conta desse tipo de *charlatanice literária*. O "prussiano" anônimo não teria, portanto, a obrigação perante o público leitor de abdicar momentaneamente de toda e qualquer produção literária nas áreas política e social, bem como das declamações sobre as condições vigentes na Alemanha, e, em vez disso, dar início a uma escrupulosa tomada de consciência sobre sua própria condição?

Paris, 31 de julho de 1844

REIVINDICAÇÕES DO PARTIDO COMUNISTA DA ALEMANHA

Karl Marx e Friedrich Engels

[Impresso por volta de 30 de março de 1848]*

"Proletários de todos os países, uni-vos!"

1. Toda a Alemanha será declarada uma república única e indivisível.

2. Todo alemão com 21 anos de idade é eleitor e elegível, contanto que não tenha sido condenado por nenhum crime.

3. Os representantes do povo serão remunerados para que também o trabalhador possa assentar-se no Parlamento do povo alemão.

4. Armamento geral do povo. No futuro, os exércitos serão simultaneamente exércitos operários, de modo que o exército deixe de apenas consumir, como no passado, mas produza além do necessário para custear a sua manutenção.

Ademais, esse é um meio de organização do trabalho.

5. A aplicação da justiça é gratuita.

6. Todo o ônus feudal, todos os tributos, corveias, dízimos etc., que até agora pesavam sobre o povo do campo, serão abolidos sem qualquer indenização.

---

* Escrito entre 21 e 29 de março de 1848. Impresso também antes de 10 de setembro de 1848 em Colônia. (N. E. A.)

7. As propriedades rurais do príncipe e as demais propriedades feudais, todas as minas, jazidas etc. serão convertidas em propriedade do Estado. Nessas propriedades se praticará a agricultura extensiva com os recursos mais modernos da ciência em benefício da coletividade.

8. As hipotecas sobre as propriedades agrícolas serão declaradas propriedade do Estado. Os juros sobre essas hipotecas serão pagos pelos agricultores ao Estado.

9. Nas regiões em que se desenvolveu o sistema de arrendamento, a renda fundiária ou a taxa de arrendamento serão pagas ao Estado a título de imposto.

Todas as medidas propostas sob o pontos 6, 7, 8 e 9 são concebidas para diminuir o ônus público e outras cargas que pesam sobre os agricultores e pequenos arrendatários, sem reduzir os meios necessários para fazer frente às despesas do Estado nem pôr em risco a própria produção.

O proprietário de terras propriamente dito, que não é agricultor nem arrendatário, não tem nenhuma participação na produção. Em consequência, o consumo praticado por ele é puro abuso.

10. Todos os bancos privados serão substituídos por um banco estatal, cujos papéis terão curso legal.

Essa medida torna possível regular o sistema de crédito no interesse de *todo* o povo e, desse modo, solapa a dominação dos grandes homens de dinheiro. Substituindo aos poucos ouro e prata por papel-moeda, ela barateia o instrumento indispensável do comércio burguês, o meio universal de troca, e permite que ouro e prata se voltem para o exterior. Por fim, essa medida é necessária para vincular os interesses dos burgueses conservadores à revolução.

11. Todos os meios de transporte: ferrovias, canais, barcos a vapor, estradas, postos etc. serão assumidos pelo Estado. Eles serão convertidos em propriedade do Estado e colocados gratuitamente à disposição da classe desprovida de recursos.

12. Não haverá diferença na remuneração dos funcionários públicos, a não ser esta: aqueles *com* família, que portanto têm mais necessidades, receberão também um salário mais elevado que os demais.

13. Separação completa de Igreja e Estado. Os religiosos de todas as confissões serão remunerados apenas por suas comunidades em base voluntária.

14. Limitação do direito de herança.

15. Introdução de um forte imposto progressivo e abolição dos impostos sobre o consumo.

16. Instalação de fábricas nacionais. O Estado assegura a subsistência a todos os trabalhadores e assiste os incapacitados para o trabalho.

17. Educação universal e gratuita do povo.

É do interesse do proletariado alemão, das classes dos pequenos cidadãos e dos pequenos agricultores, empregar toda energia na implementação das medidas acima. Porque só mediante a concretização das mesmas os milhões na Alemanha que foram exploradas até agora por um pequeno número e que se procurará manter na opressão, obterão o direito e o poder que lhes cabe na qualidade de produtoras de toda a riqueza.

O Comitê:
Karl Marx – Karl Schapper – H. Bauer
F. Engels – J. Moll – W. Wolff

MENSAGEM DO COMITÊ CENTRAL À LIGA [DOS COMUNISTAS]

Karl Marx e Friedrich Engels

[Divulgada como circular em março de 1850]

O Comitê Central à Liga

Irmãos!

Nos dois anos de revolução, 1848 e 1849, a Liga se afirmou de duas maneiras: em primeiro lugar, porque, em toda parte, os seus membros intervieram energicamente no movimento e porque compuseram a linha de frente na imprensa, nas barricadas e nos campos de batalha, integrando as fileiras da única classe decididamente revolucionária: o proletariado. Em segundo lugar, a Liga se afirmou porque a sua concepção do movimento, como ficou assentada nas circulares dos congressos e do Comitê Central de 1847, assim como no *Manifesto Comunista*, comprovou ser a única acertada, porque as expectativas expressas naquelas atas se cumpriram cabalmente e a visão das condições atuais da sociedade antes propagada apenas em sigilo pela Liga encontra-se agora na boca do povo e é anunciada publicamente nos mercados. Ao mesmo tempo, a organização antes firme da Liga foi consideravelmente abrandada. Boa parte dos membros diretamente envolvidos no movimento revolucionário julga que o tempo das sociedades

Mensagem do Comitê Central à Liga [dos Comunistas]

secretas passou e que a atuação pública por si só é suficiente. Os distritos e as comunidades individualmente afrouxaram e foram desativando seus laços com o Comitê Central. Portanto, enquanto o partido democrático, o partido da pequena burguesia, organizava-se cada vez mais na Alemanha, o partido operário perdeu seu único ponto de sustentação, mantendo-se organizado, quando muito, em algumas localidades para fins locais, o que o levou, no decurso geral do movimento, a submeter-se totalmente ao domínio e à liderança dos democratas pequeno-burgueses. Esse estado de coisas precisa acabar; a autonomia dos trabalhadores deve ser restabelecida. O Comitê Central compreendeu essa necessidade e, por isso, enviou já no inverno de 1848/1849 um emissário, Joseph Moll, à Alemanha para reorganizar a Liga. A missão de Moll, porém, não trouxe resultado duradouro, em parte porque os trabalhadores alemães ainda não tinham acumulado experiências suficientes, em parte porque a insurreição de maio passado a interrompeu. O próprio Moll pôs-se em armas, ingressou no exército do Baden-Palatinado e tombou no embate junto ao rio Murg no dia 29 de junho. A Liga perdeu com ele um de seus membros mais antigos, mais ativos e mais confiáveis, que havia participado ativamente em todos os congressos e gestões do Comitê Central e já antes disso havia cumprido com grande êxito uma série de missões. Após a derrota dos partidos revolucionários na Alemanha e na França em julho de 1849, quase todos os membros do Comitê Central se reagruparam em Londres, juntaram novas forças revolucionárias e passaram a promover com entusiasmo renovado a reorganização da Liga.

A reorganização só é viável por meio de um emissário e o Comitê Central considera extremamente importante que dito emissário parta neste justo instante em que uma nova revolução é iminente, em que o partido operário deve atuar do modo mais organizado possível, mais unânime possível e mais autônomo possível, caso não queira ser explorado e atrelado pela burguesia como em 1848.

Já no ano de 1848 vos dizíamos, irmãos, que os burgueses liberais alemães logo chegariam ao governo e imediatamente voltariam esse poder recém-conquistado contra os trabalhadores. Vistes que isso se cumpriu como previsto. De fato foram os burgueses que, após o movimento de março de 1848, imediatamente se apossaram do governo e usaram esse poder para fazer os trabalhadores, seus aliados na luta, retrocederem à sua anterior condição de oprimidos. Mesmo que a burguesia não tenha conseguido fazer isso sem se coligar com o partido feudal derrotado em março, chegando, no final, a ceder novamente o governo a esse partido absolutista feudal, ela garantiu para si as condições que com o tempo, em virtude das dificuldades financeiras do governo, acabariam por colocar o poder em suas mãos e assegurariam todos os seus interesses, caso fosse possível ao movimento revolucionário ter uma assim chamada evolução pacífica já nesse momento. Para assegurar o poder, a burguesia nem mesmo teria necessidade de tornar-se odiada por tomar medidas violentas contra o povo, porque todos os atos de violência já foram cometidos pela contrarrevolução feudal. No entanto, os desdobramentos não tomarão esse rumo pacífico.

Mensagem do Comitê Central à Liga [dos Comunistas]

Ao contrário, a revolução que os apressará é iminente, seja porque será provocada pelo levante autônomo do proletariado francês, seja porque a Santa Aliança* invadirá a Babel revolucionária.

E o papel que os burgueses liberais alemães desempenharam em 1848 em relação ao povo, esse papel tão traiçoeiro será assumido, na revolução que se avizinha, pelos pequeno-burgueses democráticos, que agora, enquanto oposição, tomam a mesma posição que os burgueses liberais detinham antes de 1848. Esse partido, o democrático, que é bem mais perigoso para os trabalhadores do que o anterior partido liberal, é composto por três elementos:

I. Pelas parcelas mais avançadas da grande burguesia, cujo objetivo é a derrubada completa e imediata do feudalismo e do absolutismo. Essa fração é representada pelos antigos conciliadores de Berlim, pelos que queriam recusar-se a pagar impostos**.

---

* A Santa Aliança era uma coligação das forças contrarrevolucionárias que se opunha a todo e qualquer movimento progressista na Europa. Ela foi criada em 26 de setembro de 1815 por iniciativa do czar Alexandre I pelos que haviam derrotado Napoleão. Aderiram a ela, junto com a Áustria e a Prússia, quase todos os Estados europeus. Os monarcas se comprometeram a oferecer ajuda recíproca na repressão a revoluções onde quer que irrompessem. Nos anos de 1848/1849, as forças contrarrevolucionárias na Europa fizeram uma série de tentativas no sentido de ressuscitar a Santa Aliança de 1815 na luta contra o movimento revolucionário. Todavia, não se chegou a firmar nenhum pacto. (N. T.)

** Marx e Engels chamavam de conciliadores [*Vereinbarer*] os deputados da Assembleia Nacional da Prússia que, em maio de 1848, foram convocados a Berlim para elaborar a Constituição "mediante conciliação com a coroa". Marx e Engels chamavam a Assembleia de Berlim, que renunciou à soberania popular, de "Assembleia da conciliação". Recusadores de impostos [*Steuerverweigerer*] foram chamados aqueles deputados burgueses "de esquerda" da Assembleia Nacional da Prússia, que pretendiam combater com resistência passiva e "recusa a pagar impostos" o estado de sítio imposto

II. Pelos pequeno-burgueses democrático-constitucionais, cujo objetivo principal durante o movimento até aqui foi a criação de um Estado federativo mais ou menos democrático, nos moldes em que este foi almejado por seus representantes, pelos esquerdistas da Assembleia de Frankfurt e depois pelo Parlamento de Stuttgart*, e por eles próprios na campanha pela Constituição imperial.

III. Pelos pequeno-burgueses republicanos, que têm como ideal uma república federativa nos moldes da Suíça e que agora se denominam vermelhos e social-democratas porque nutrem o desejo piedoso de acabar com a pressão exercida pelo grande capital sobre o pequeno, pelo grande burguês sobre o pequeno-burguês. Os representantes dessa fração eram os membros dos congressos e comitês democráticos, os dirigentes das associações democráticas, os redatores dos jornais democráticos.

Depois de sua derrota, todas essas frações passaram a denominar-se republicanas ou vermelhas, exatamente como procedem agora na França os pequeno-burgueses republicanos chamando-se de

---

a Berlim no dia 1º de novembro de 1848, a instalação do ministério de Brandenburg no dia 4 de novembro, a ocupação de Berlim pelas tropas do general Von Wrangel no dia 10 de novembro e a planejada expulsão da Assembleia Nacional Constituinte (esta foi aberta no dia 22 de maio de 1848, transferida para Brandenburg no dia 9 de novembro e dissolvida no dia 5 de dezembro. (N. E. A.)

* A Assembleia Nacional de Frankfurt, que desde 18 de maio de 1848 vinha realizando suas sessões em Frankfurt foi obrigada a transferir sua sede para Stuttgart, depois que todos os deputados da direita e, por conclamação do rei da Prússia de 14 de maio de 1849, também os deputados prussianos, haviam renunciado ao seu posto; em Stuttgart, a Assembleia realizou sua primeira sessão no dia 6 de junho de 1849 com cerca de 100 membros restantes, sendo dispersada por força militar no dia 18 de junho de 1849. (N. E. A.)

socialistas. Onde ainda têm a oportunidade de perseguir seus objetivos pelas vias constitucionais, como em Württemberg, na Baviera etc., eles a aproveitam para manter as suas velhas frases e demonstrar com sua ação que não mudaram no mais mínimo. É óbvio, aliás, que o nome modificado desse partido não muda nada em sua relação com os trabalhadores, mas apenas demonstra que ele deve fazer frente contra a burguesia coligada com o absolutismo e para isso precisa se apoiar no proletariado.

O partido democrático pequeno-burguês é muito forte na Alemanha, abrangendo não só a maioria dos moradores burgueses das cidades, os pequenos comerciantes industriais e os mestres-de-obras, mas contando também entre suas fileiras com os agricultores e o proletariado rural, na medida em que este ainda não encontrou um ponto de apoio no proletariado autônomo das cidades.

A relação do partido operário revolucionário com a democracia pequeno-burguesa é a seguinte: ele a acompanha contra a fração que esta quer derrubar; ele se contrapõe a ela em tudo que seus membros querem estabelecer em favor de si mesmos.

Os pequeno-burgueses democráticos, longe de querer revolucionar toda a sociedade em favor dos proletários revolucionários, almejam uma mudança das condições sociais que torne a atual sociedade o mais suportável e confortável possível para eles. Por isso, eles exigem sobretudo a diminuição dos gastos estatais mediante a limitação da burocracia e o deslocamento do montante principal dos impostos para os grandes proprietários de terra e os burgueses. Eles exigem, ademais, que seja suprimida a pressão do grande capital sobre o pequeno mediante instituições públicas de crédito e leis contra a usura, que possibilitariam a eles e aos agricultores obter adiantamentos em condições favoráveis do Estado em vez de pedi-los dos capitalistas; além disso, exigem a implantação das relações de propriedade burguesas no campo mediante a eliminação completa do feudalismo. Para conseguir realizar isso tudo, eles necessitam de uma Constituição [*Verfassung*] nacional democrática, seja de cunho constitucional [*konstitutionell*] ou republicano, que dê a maioria a eles e a seus aliados, os agricultores; necessitam ainda de uma Constituição [*Verfassung*] comunal democrática que lhes dê o controle direto da propriedade comunal e transfira para eles uma série de funções que, no momento, são exercidas pelos burocratas.

À dominação e rápida multiplicação do capital pretende-se contrapor, ademais, a restrição do direito de herança, por um lado, e a transferência do maior número possível de obras para o Estado, por outro. No que se refere aos trabalhadores, fica estabelecido sobretudo que eles continuarão na condição de trabalhadores assalariados como até agora, com a diferença de que os pequeno-burgueses democráticos desejam que os trabalhadores tenham melhores salários e uma existência assegurada e esperam conseguir isso mediante o emprego parcial por parte do Estado e mediante medidas caritativas; em suma, eles esperam conseguir subornar os trabalhadores com esmolas mais ou menos dissimuladas e quebrar a sua força revolucionária tornando sua situação momentaneamente suportável. As reivindicações da democracia pequeno-burguesa aqui resumidas não são defendi-

Mensagem do Comitê Central à Liga [dos Comunistas]

das ao mesmo tempo por todas as suas frações e pouquíssimas são as pessoas que as têm presentes em seu conjunto como um alvo bem determinado a atingir. Quanto mais os indivíduos ou as frações que compõem essa democracia avançarem, tanto mais assumirão como suas essas reivindicações e os poucos que reconhecem no que foi compilado acima o seu próprio programa julgariam que desse modo teriam proposto o máximo que se pode esperar da revolução. Porém essas reivindicações de modo algum podem bastar ao partido do proletariado. Ao passo que os pequeno-burgueses democráticos querem levar a revolução a cabo da maneira mais célere possível e mediante a realização, quando muito, das demandas acima mencionadas, é de nosso interesse e é nossa tarefa tornar a revolução permanente até que todas as classes proprietárias em maior ou menor grau tenham sido alijadas do poder, o poder estatal tenha sido conquistado pelo proletariado e a associação dos proletários tenha avançado, não só em um país, mas em todos os países dominantes no mundo inteiro, a tal ponto que a concorrência entre os proletários tenha cessado nesses países e que ao menos as forças produtivas decisivas estejam concentradas nas mãos dos proletários. Para nós, não se trata da modificar a propriedade privada, mas de aniquilá-la, não se trata de camuflar as contradições de classe, mas de abolir as classes, não se trata de melhorar a sociedade vigente, mas de fundar uma nova. Não há a menor dúvida de que, no próximo desenvolvimento da revolução, a democracia pequeno-burguesa se tornará, por algum tempo, a fração mais influente na Alemanha. A questão é, portanto, qual será o posicionamento do proletariado e especificamente da Liga frente a ela:

1. enquanto perdurarem as condições atuais, em que os democratas pequeno-burgueses são também oprimidos;

2. durante a luta revolucionária próxima que lhes proporcionará a supremacia;

3. depois dessa luta, durante o tempo de sua supremacia sobre as classes derrubadas e sobre o proletariado.

1. No momento presente, em que são oprimidos em toda parte, os pequeno-burgueses democráticos pregam, em geral, união e reconciliação ao proletariado, estendem-lhe a mão e almejam a criação de um grande partido de oposição que acolha todos os matizes no partido democrático, ou seja, eles almejam enredar os trabalhadores numa organização partidária, na qual predomine o fraseado social-democrata genérico e vazio que encobre seus interesses particulares e na qual não será permitido apresentar as reivindicações bem determinadas do proletariado em função da bendita paz. Tal união traria resultados vantajosos somente para eles e seria totalmente desvantajosa para o proletariado. O proletariado perderia de vez sua posição autônoma, conquistada a duras penas, e ficaria novamente relegado à condição de penduricalho da democracia burguesa oficial. Essa união deve, portanto, ser rejeitada da forma mais decidida possível. Em vez de rebaixar-se uma vez mais ao papel de coro que aplaude os democratas burgueses, os trabalhadores, sobretudo a Liga, devem tomar providências no sentido de criar, paralelamente aos democratas oficiais, uma organização autônoma

Mensagem do Comitê Central à Liga [dos Comunistas]

secreta e pública do partido dos trabalhadores, elegendo como centro e núcleo das associações operárias toda comunidade em que a posição e os interesses do proletariado sejam discutidos independentemente das influências burguesas. Quão pouco os democratas burgueses levam a sério uma aliança em que figuram lado a lado com os proletários em igualdade de poder e de direitos, evidenciam, por exemplo, os democratas de Breslau, que no seu órgão, a *Neue Oder-Zeitung* [Nova Gazeta do Oder]*, atacam com ódio extremo os trabalhadores autonomamente organizados, que eles titulam de socialistas. Para o caso de uma luta contra um adversário comum não há necessidade de nenhuma união específica. Quando chegar a hora de combater tal adversário diretamente, os interesses dos dois partidos coincidirão durante aquele momento e, como ocorreu até agora, também no futuro essa coligação se produzirá por si mesma para aquele lapso de tempo. É claro que, nos conflitos sangrentos que se avizinham, como em todos os anteriores, serão principalmente os trabalhadores que, por sua coragem, sua determinação e abnegação, terão de conquistar a vitória. Como ocorreu até agora, também nesse embate, os pequeno-burgueses em massa se comportarão, enquanto for possível, de modo hesitante, irresoluto e inerte, para então, no momento em que a vitória estiver decidida, encampá-la para si, exortar os trabalhadores à calma e ao retorno ao seu labor doméstico,

---

* *Neue Oder-Zeitung* – diário de feição democrático-burguesa, publicado com esse nome em Breslau de 1849 a 1855. Nos anos de 1850, foi considerado o jornal mais radical da Alemanha, sendo perseguido pelos órgãos governamentais. (N. E. A.)

prevenir assim chamados excessos e excluir o proletariado dos frutos da vitória. Os trabalhadores não têm poder para impedir que os democratas pequeno-burgueses ajam dessa maneira, mas têm poder para dificultar que se insurjam contra o proletariado armado e têm poder para ditar-lhes condições tais que façam com que a dominação dos democratas burgueses traga em si de antemão o germe da sua própria destruição e seja consideravelmente facilitada sua posterior supressão pelo domínio do proletariado. Antes de tudo, os trabalhadores devem, durante o conflito e imediatamente após a luta, agir tanto quanto possível no sentido de contrapor-se às dissuasões burguesas e obrigar os democratas a concretizar o seu fraseado terrorista atual. Eles devem atuar no sentido de que a agitação revolucionária direta não seja novamente reprimida de imediato após a vitória. Eles devem, ao contrário, preservá-la tanto quanto possível. Bem longe de coibir os assim chamados excessos, os exemplos da vingança popular contra indivíduos ou prédios públicos odiados que suscitam apenas lembranças odiosas, deve-se não só tolerar esses exemplos, mas também assumir pessoalmente a liderança da ação. Durante a luta e após a luta, os trabalhadores devem aproveitar cada oportunidade para apresentar suas próprias reivindicações ao lado das reivindicações dos democratas burgueses. Eles devem exigir garantias para os trabalhadores no momento em que os burgueses democratas fizerem menção de assumir o governo. Caso seja necessário, eles devem forçar a cessão dessas garantias e, de modo geral, tomar providências para que os novos governantes se sintam no dever

Mensagem do Comitê Central à Liga [dos Comunistas]

de fazer-lhes todas as concessões e promessas possíveis – este é o meio mais seguro de comprometê-los. Eles devem refrear de todas as maneiras qualquer euforia pela vitória e todo entusiasmo pela nova condição, que se instalam após cada embate vitorioso travado nas ruas, e devem fazer isso tanto quanto possível através da apreensão serena e fria das condições dadas e de uma postura de desconfiança indissimulada para com o novo governo. Paralelamente aos novos governos oficiais, eles devem constituir simultaneamente os governos operários revolucionários próprios, seja na forma de diretorias comunais e conselhos comunais, seja por meio de clubes operários ou comitês operários, de modo que os governos democráticos burgueses não só percam de imediato o respaldo que tinham nos trabalhadores, mas se vejam de saída fiscalizados e intimidados por instâncias representativas de toda a massa dos trabalhadores. Em suma: desde o primeiro instante da vitória, a desconfiança não mais deve ser dirigida contra o partido reacionário derrotado, mas contra os que até ali foram seus aliados, contra o partido que pretende explorar sozinho a vitória conquistada conjuntamente.

2. No entanto, para que os trabalhadores tenham condições de enfrentar de modo enérgico e intimidador esse partido que começará a traí-los já na primeira hora após a vitória, eles precisam estar armados e organizados. O municiamento de todo o proletariado com espingardas, rifles, artilharia e munição deve ocorrer imediatamente; deve-se agir no sentido de evitar a restauração da antiga guarda civil voltada contra os trabalhadores. Porém, onde isso não for exequível, os trabalhadores devem

tentar organizar-se independentemente como guarda proletária, com comandantes e um alto-comando eleitos por eles mesmos, colocando-se sob o comando, não do poder estatal, mas dos conselhos comunais revolucionários instituídos pelos trabalhadores. Onde forem empregados às expensas do Estado, os trabalhadores devem exigir continuar de posse das armas e organizar-se em um corpo especial com chefias escolhidas por eles mesmos ou como parte da guarda proletária. Armas e munição não devem ser entregues sob nenhum pretexto; qualquer tentativa de desarmamento deve ser frustrada, se necessário, com o uso da força. Aniquilação da influência dos democratas burgueses sobre os trabalhadores, imediata organização autônoma e armada dos trabalhadores e imposição das condições mais dificultosas e comprometedoras possíveis para o governo por ora inevitável da democracia burguesa: estes são os pontos principais que o proletariado e, consequentemente, a Liga devem ter em mente durante e após a revolta iminente.

3. Logo que os novos governos tiverem se consolidado minimamente, começará a sua luta contra os trabalhadores. Para que possam contrapor-se vigorosamente aos pequeno-burgueses democráticos nesse momento, é necessário sobretudo que os trabalhadores estejam autonomamente organizados e centralizados em clubes. Assim que for possível, após a derrubada dos governos vigentes, o Comitê Central se deslocará para a Alemanha, convocará imediatamente um congresso e lhe fará as necessárias exposições a respeito da centralização dos clubes operários sob uma direção única estabelecida na sede principal do movimento. A

Mensagem do Comitê Central à Liga [dos Comunistas]

rápida organização, ao menos de um elo provincial entre os clubes operários, constitui um dos pontos principais para o fortalecimento e o desenvolvimento do partido operário; a consequência imediata da derrocada dos governos vigentes será a eleição de uma Assembleia Nacional. Em vista dela, o proletariado deve tomar providências:

I. Para que nenhuma artimanha de autoridades locais e comissários governamentais leve à exclusão de algum grupo de trabalhadores, qualquer que seja o pretexto alegado;

II. Para que, em toda parte, ao lado dos candidatos democráticos burgueses, sejam propostos candidatos operários que, dentro do possível, devem ser membros da Liga e cuja eleição deve ser promovida com todos os meios possíveis. Inclusive onde não houver nenhuma perspectiva de obter êxito no empreendimento, os trabalhadores devem propor seus próprios candidatos, a fim de preservar sua independência, computar suas forças e apresentar publicamente sua posição revolucionária e os pontos de vista do partido. Eles não devem se deixar cativar, nesse tocante, pela retórica dos democratas, como, por exemplo: dessa maneira se estaria fracionando o partido democrático e dando à reação a possibilidade de chegar à vitória. No final das contas, todo esse fraseado vazio tem um único propósito: engambelar o proletariado. Os avanços que o partido proletário poderá fazer através dessa atuação independente são infinitamente mais importantes do que a desvantagem gerada pela presença de alguns reacionários entre os representantes. Se a democracia agir desde o início de modo decidido e aterrorizante contra a reação, a influência desta sobre as eleições terá sido anulada de antemão.

O primeiro ponto que causará conflito entre os democratas pequeno-burgueses e os trabalhadores será o da abolição do feudalismo; como na primeira Revolução Francesa, os pequeno-burgueses quererão dar as terras dos feudos aos agricultores como propriedade livre, isto é, manter o proletariado rural e formar uma classe de agricultores pequeno-burgueses, que percorrerá o mesmo ciclo de empobrecimento e endividamento em que se encontram até hoje os agricultores franceses.

Os trabalhadores devem opor-se a esse plano no interesse do proletariado rural e em seu próprio interesse. Eles devem exigir que a propriedade feudal confiscada permaneça na condição de bem estatal e seja empregada para formar colônias operárias, que serão cultivadas pelo proletariado rural associado com todas as vantagens da agricultura extensiva e, ao mesmo tempo, farão com que o princípio da propriedade comum receba uma base firme em meio às oscilantes relações de propriedade burguesas. Assim como os democratas se coligaram com os agricultores, os trabalhadores devem se coligar com o proletariado rural*. Os democratas,

---

* As opiniões aqui expressas acerca da questão agrária guardam estreita relação com a apreciação geral das perspectivas de desdobramento da revolução, que Marx e Engels haviam expressado nos anos de 1840 e de 1850. Naquela época, a opinião dos fundadores do socialismo científico era que o capitalismo já havia caducado e que o socialismo estava às portas. Partindo disso, no seu "Discurso", Marx e Engels se manifestaram contrários à cessão das terras confiscadas dos senhores feudais aos agricultores; eles eram a favor de sua transformação em propriedade estatal e sua cessão a colônias de trabalhadores do proletariado rural associa-

Mensagem do Comitê Central à Liga [dos Comunistas]

ademais, atuarão no sentido de instaurar diretamente a república federativa ou, caso não consigam evitar a república una e indivisível, ao menos tentarão paralisar o governo central por meio da maior autonomia e independência possível das comunas e províncias. Em vista desse plano, os trabalhadores devem atuar não só em favor da república alemã una e indivisível, mas, dentro dela, também em favor da mais efetiva centralização possível do poder nas mãos do Estado. Eles não devem se deixar desencaminhar pelo falatório democrático a respeito da liberdade das comunidades, do autogoverno etc. Num país como a Alemanha, onde ainda há tantos restos da Idade Média a eliminar, onde ainda há tanta obstinação local e provincial a quebrar, não se pode tolerar em circunstância nenhuma que cada povoado, cada cidade, cada província ponha um novo obstáculo no caminho da atividade revolucionária, que só pode desenvolver toda a sua força a partir do centro. – Não se pode tolerar que se renove o estado de coisas atual, em que os alemães precisam lutar por um só e mesmo progresso em cada cidade, em cada província separadamente. Mas o que de forma alguma se pode tolerar é que seja perenizada,

---

do. Respaldado nas experiências da Grande Revolução Socialista de outubro na Rússia, bem como nas experiências do movimento revolucionário em outros países, Lenin aprofundou as ideias marxistas a respeito da questão agrária. Reconhecendo a utilidade da manutenção da maioria das grandes empresas agrícolas após a revolução nos países capitalistas avançados, ele escreveu: "Contudo, seria um erro gravíssimo exagerar essa regra ou padronizá-la, jamais permitindo que os pequenos e às vezes também os médios agricultores dos arredores obtenham gratuitamente uma parcela das terras dos expropriadores expropriados" (Lenin, *Ausgewählte Werke in zwei Bänden*, v. II, p. 765). (N. E. A.)

mediante uma assim chamada Constituição comunal livre, uma forma de propriedade que fica aquém até da moderna propriedade privada e que, em toda parte, necessariamente acaba resultando nisto: a propriedade comunal e as desavenças dela resultantes entre comunas pobres e comunas ricas, bem como a vigência paralela de direito civil nacional e direito civil comunal com suas artimanhas contra os trabalhadores. Como foi o caso na França em 1793, hoje na Alemanha a execução da mais rígida centralização é a tarefa do partido realmente revolucionário[1].

Vimos como os democratas chegarão ao poder no próximo movimento e como serão forçados a propor medidas mais ou menos socialistas. Perguntar-se-á que medidas os trabalhadores deverão

---

[1] Nota de Engels à edição de 1885: "É preciso lembrar hoje que essa passagem se baseia num mal-entendido. Naquela época – graças aos falsificadores bonapartistas e liberais da história –, dava-se por assentado que a máquina administrativa centralizada dos franceses havia sido introduzida pela grande Revolução e utilizada principalmente pela Convenção como arma indispensável e decisiva para derrotar a reação monarquista e federalista e o inimigo externo. Agora, porém, é fato conhecido que, durante todo o período da revolução até o 18 de brumário, toda a administração dos *departements*, dos *arrondissements* e das comunas era formada por autoridades eleitas pelos próprios administrados, as quais se moviam com inteira liberdade no âmbito das leis gerais do Estado; sabe-se agora que esse autogoverno provincial e local, semelhante ao norte-americano, foi a alavanca mais poderosa da Revolução, e tanto o foi que Napoleão, imediatamente após o seu golpe de Estado em 18 de brumário, apressou-se a substituí-lo pelo sistema dos prefeitos vigente ainda hoje, o qual desde o princípio foi, portanto, puro instrumento da reação. Porém, assim como o autogoverno local e provincial não está em contradição com a centralização nacional de cunho político, tampouco está necessariamente atrelado àquele egoísmo cantonal ou comunal estreito, com cuja face asquerosa nos deparamos na Suíça e que, em 1849, todos os republicanos federalistas do sul da Alemanha queriam tornar regra para toda a Alemanha".

propor em contrapartida. No início do movimento, os trabalhadores naturalmente ainda não poderão propor medidas diretamente comunistas. Mas eles podem:

1. Obrigar os democratas a interferir no maior número possível de facetas da ordem social pregressa, a perturbar o seu curso regular e a comprometer a si próprios, bem como concentrar o maior número possível de forças produtivas, meios de transporte, fábricas, ferrovias etc. nas mãos do Estado.

2. Eles devem exacerbar as propostas dos democratas, que de qualquer modo não agirão de modo revolucionário, mas meramente reformista, e transformá-las em ataques diretos à propriedade privada; por exemplo, quando os pequeno-burgueses propuserem adquirir as ferrovias e as fábricas, os trabalhadores devem exigir que essas ferrovias e fábricas, sendo propriedade de reacionários, sejam simplesmente confiscadas sem qualquer indenização. Quando os democratas propuserem o imposto proporcional, os trabalhadores exigirão o imposto progressivo; quando os próprios democratas requererem um imposto progressivo moderado, os trabalhadores insistirão num imposto cujas taxas se elevam tão rapidamente que ele acabará destruindo o grande capital; quando os democratas reivindicarem a regulamentação da dívida estatal, os trabalhadores exigirão a bancarrota do Estado. As reivindicações dos trabalhadores devem orientar-se, portanto, sempre nas concessões e medidas propostas pelos democratas.

Caso os trabalhadores alemães não consigam chegar ao poder e à concretização dos interesses de sua classe sem passar por todo um longo processo revolucionário, desta vez eles ao menos têm a convicção de que o primeiro ato desse espetáculo revolucionário iminente coincide com a vitória direta de sua própria classe na França e é acelerado por esta.

Porém, eles próprios terão de realizar o principal para lograr a vitória final, mais precisamente, obtendo clareza sobre os interesses de sua classe, assumindo o mais depressa possível um posicionamento partidário autônomo, não se deixando demover em nenhum momento da organização independente do partido do proletariado pelo fraseado hipócrita dos pequeno-burgueses democráticos. Seu grito de guerra deve ser: a revolução em permanência.

Londres, março de 1850

ÍNDICE ONOMÁSTICO

BARÉRE DE VIEUZAC, Bertrand (1755-1841) – Jurista francês, político da Revolução Francesa, deputado da Convenção, jacobino, participante ativo do golpe do 9 de termidor. p. 37

BAUER, H. [Heinrich] (s.d.-s.d.) – Sapateiro alemão, membro do Comitê Central da Liga dos Comunistas, emissário da Liga na Alemanha em março-abril de 1850, emigrou em 1851 para a Austrália. p. 55

BURET, Antoine-Eugène (1810-1842) – Socialista pequeno-burguês e economista francês, partidário de Sismondi. p. 33

CHEVALIER, Michel (1806-1879) – Engenheiro, economista e jornalista francês. Nos anos 1830, adepto de Saint--Simon; mais tarde, defensor do livre-cambismo. p. 48

CRÉTET [Emmanuel] (1747-1809) – Conde de Chapmol, político francês, Ministro do Interior de Napoleão entre 1807 e 1809. p. 36

EDUARDO III (1312-1377) – Rei da Inglaterra de 1327 a 1377. p. 33

ELIZABETH I (1533-1603) – Rainha da Inglaterra de 1558 a 1603. p. 33

KAY-SHUTTLERWORTH, sir James Phillips (1804-1877) – Médico inglês que por muitos anos trabalhou nos bairros operários de Manchester. p. 32

McCULLOCH, John Ramsay (1789-1864) – Economista inglês, discípulo de David Ricardo. p. 31

MOLL, Joseph (1812-1849) – Relojoeiro de Colônia, membro do Comitê Central da Liga dos Comunistas e

Índice onomástico

presidente da Associação dos operários de Colônia. Participou de um levante democrático e morreu em combate com as forças prussianas. p. 55, 58

NAPOLEÃO BONAPARTE (1769-1821) – Imperador da França (1804-1814 e 1815). Gênio militar e político, figura influente na Europa nos vinte anos que se seguiram à Revolução Francesa. p. 36, 37, 41

NOAILLES DU GARD [Jacques-Barthélémy] (1758-1828) – Político francês, deputado na Assembleia Legislativa entre 1807 e 1815. p. 36

PROUDHON, Pierre-Joseph (1809-1865) – Filósofo francês e socialista pequeno-burguês, um dos fundadores teóricos do anarquismo. p. 45

RICARDO, David (1778-1823) – Economista inglês, expoente da economia política clássica. p. 31

ROBESPIERRE, Maximilien-Marie-Isidor de (1758-1794) – Político francês, líder jacobino e uma das principais figuras da Revolução Francesa; de 1793 a 1794 foi chefe do governo revolucionário. p. 41

RUGE, Arnold (1802-1880) – Filósofo e escritor alemão, hegeliano de esquerda, com quem Marx editou os *Anais Franco-Alemães*. p. 25

SCHAPPER, Karl (1813-1870) – Membro do Comitê Central da Liga dos Comunistas, de fevereiro a maio de 1849 foi presidente da Associação dos Operários de Colônia. Participou com August Willich da cisão da Liga dos Comunistas contra Marx, mas logo reconheceu seu erro e apoiou Marx. Em 1865, foi membro do Conselho Geral da Primeira Internacional. p. 55

WEITLING, Wilhelm Christian (1808-1871) – Alfaiate de profissão; um dos teóricos do comunismo utópico. p. 45

WOLFF, W. [Wilhelm] (1809-1864) – Professor e jornalista, membro do Comitê Central da Liga dos Comunistas, em 1848-1849 foi redator da *Nova Gazeta Renana*; estabeleceu-se a partir de 1851 na Inglaterra. Grande amigo de Marx e Engels. p. 55

CRONOLOGIA RESUMIDA

	Karl Marx	**Friedrich Engels**
1818	Em Trier (capital da província alemã do Reno), nasce Karl Marx (5 de maio), o segundo de oito filhos de Heinrich Marx e de Enriqueta Pressburg. Trier na época era influenciada pelo liberalismo revolucionário francês e pela reação ao Antigo Regime, vinda da Prússia.	
1820		Nasce Friedrich Engels (28 de novembro), primeiro dos oito filhos de Friedrich Engels e Elizabeth Franziska Mauritia van Haar, em Barmen, Alemanha. Cresce no seio de uma família de industriais religiosa e conservadora.
1824	O pai de Marx, nascido Hirschel, advogado e conselheiro de Justiça, é obrigado a abandonar o judaísmo por motivos profissionais e políticos (os judeus estavam proibidos de ocupar cargos públicos na Renânia). Marx entra para o Ginásio de Trier (outubro).	
1830	Inicia seus estudos no Liceu Friedrich Wilhelm, em Trier.	
1834		Engels ingressa, em outubro, no Ginásio de Elberfeld.
1835	Escreve *Reflexões de um jovem perante a escolha de sua profissão*. Presta exame final de bacharelado em Trier (24 de setembro). Inscreve-se na Universidade de Bonn.	

Cronologia resumida

	Karl Marx	**Friedrich Engels**
1836	Estuda Direito na Universidade de Bonn. Participa do Clube de Poetas e de associações de estudantes. No verão, fica noivo em segredo de Jenny von Westphalen, sua vizinha em Trier. Em razão da oposição entre as famílias, casar-se-iam apenas sete anos depois. Matricula-se na Universidade de Berlim.	Na juventude, fica impressionado com a miséria em que vivem os trabalhadores das fábricas de sua família. Escreve *Poema*.
1837	Transfere-se para a Universidade de Berlim e estuda com mestres como Gans e Savigny. Escreve *Canções selvagens* e *Transformações*. Em carta ao pai, descreve sua relação contraditória com o hegelianismo, doutrina predominante na época.	Por insistência do pai, Engels deixa o ginásio e começa a trabalhar nos negócios da família. Escreve *História de um pirata*.
1838	Entra para o Clube dos Doutores, encabeçado por Bruno Bauer. Perde o interesse pelo Direito e entrega-se com paixão ao estudo da filosofia, o que lhe compromete a saúde. Morre seu pai.	Estuda comércio em Bremen. Começa a escrever ensaios literários e sociopolíticos, poemas e panfletos filosóficos em periódicos como o *Hamburg Journal* e o *Telegraph für Deutschland*, entre eles o poema "O beduíno" (setembro), sobre o espírito da liberdade.
1839		Escreve o primeiro trabalho de envergadura, *Briefe aus dem Wupperthal* [Cartas de Wupperthal], sobre a vida operária em Barmen e na vizinha Elberfeld (*Telegraph für Deutschland*, primavera). Outros viriam, como *Literatura popular alemã*, *Karl Beck* e *Memorabilia de Immermann*. Estuda a filosofia de Hegel.
1840	K. F. Koeppen dedica a Marx seu estudo *Friedrich der Grosse und seine Widersacher* [Frederico, o Grande, e seus adversários].	Engels publica *Réquiem para o Aldeszeitung alemão* (abril), *Vida literária moderna*, no *Mitternachtzeitung* (março--maio) e *Cidade natal de Siegfried* (dezembro).
1841	Com uma tese sobre as diferenças entre as filosofias de Demócrito e Epicuro, Marx recebe em Iena o título de doutor em Filosofia (15 de abril). Volta a Trier. Bruno Bauer, acusado de ateísmo,	Publica *Ernst Moritz Arndt*. Seu pai o obriga a deixar a escola de comércio para dirigir os negócios da família. Engels prosseguiria sozinho seus estudos de filosofia, religião,

Lutas de classes na Alemanha

	Karl Marx	**Friedrich Engels**
	é expulso da cátedra de Teologia da Universidade de Bonn, com isso Marx perde a oportunidade de atuar como docente nessa universidade.	literatura e política. Presta o serviço militar em Berlim por um ano. Frequenta a Universidade de Berlim como ouvinte e conhece os jovens hegelianos. Critica intensamente o conservadorismo na figura de Schelling, com os escritos *Schelling em Hegel*, *Schelling e a revelação* e *Schelling, filósofo em Cristo*.
1842	Elabora seus primeiros trabalhos como publicista. Começa a colaborar com o jornal *Rheinische Zeitung* [Gazeta Renana], publicação da burguesia em Colônia, do qual mais tarde seria redator. Conhece Engels, que na ocasião visitava o jornal.	Em Manchester assume a fiação do pai, a Ermen & Engels. Conhece Mary Burns, jovem trabalhadora irlandesa, que viveria com ele até a morte. Mary e a irmã Lizzie mostram a Engels as dificuldades da vida operária, e ele inicia estudos sobre os efeitos do capitalismo no operariado inglês. Publica artigos no *Rheinische Zeitung*, entre eles "Crítica às leis de imprensa prussianas" e "Centralização e liberdade".
1843	Sob o regime prussiano, é fechado o *Rheinische Zeitung*. Marx casa-se com Jenny von Westphalen. Recusa convite do governo prussiano para ser redator no diário oficial. Passa a lua de mel em Kreuznach, onde se dedica ao estudo de diversos autores, com destaque para Hegel. Redige os manuscritos que viriam a ser conhecidos como *Crítica da filosofia do direito de Hegel* [*Zur Kritik der Hegelschen Rechtsphilosophie*]. Em outubro vai a Paris, onde Moses Hess e George Herwegh o apresentam às sociedades secretas socialistas e comunistas e às associações operárias alemãs. Conclui *Sobre a questão judaica* [*Zur Judenfrage*]. Substitui Arnold Ruge na direção dos *Deutsch--Französische Jahrbücher* [Anais Franco-Alemães]. Em dezembro inicia grande amizade com Heinrich Heine e conclui sua	Engels escreve, com Edgar Bauer, o poema satírico "Como a Bíblia escapa milagrosamente a um atentado impudente ou O triunfo da fé", contra o obscurantismo religioso. O jornal *Schweuzerisher Republicaner* publica suas "Cartas de Londres". Em Bradford, conhece o poeta G. Weerth. Começa a escrever para a imprensa cartista. Mantém contato com a Liga dos Justos. Ao longo desse período, suas cartas à irmã favorita, Marie, revelam seu amor pela natureza e por música, livros, pintura, viagens, esporte, vinho, cerveja e tabaco.

Cronologia resumida

Karl Marx	Friedrich Engels
"Crítica da filosofia do direito de Hegel – Introdução" [*Zur Kritik der Hegelschen Rechtsphilosophie – Einleitung*].	

1844 Em colaboração com Arnold Ruge, elabora e publica o primeiro e único volume dos *Deutsch-Französische Jahrbücher*, no qual participa com dois artigos: "A questão judaica" e "Introdução a uma crítica da filosofia do direito de Hegel". Escreve os *Manuscritos econômico-filosóficos* [*Ökonomisch-philosophische Manuskripte*]. Colabora com o *Vorwärts!* [Avante!], órgão de imprensa dos operários alemães na emigração. Conhece a Liga dos Justos, fundada por Weitling. Amigo de Heine, Leroux, Blanc, Proudhon e Bakunin, inicia em Paris estreita amizade com Engels. Nasce Jenny, primeira filha de Marx. Rompe com Ruge e desliga-se dos *Deutsch-Französische Jahrbücher*. O governo decreta a prisão de Marx, Ruge, Heine e Bernays pela colaboração nos *Deutsch-Französische Jahrbücher*. Encontra Engels em Paris e em dez dias planejam seu primeiro trabalho juntos, *A sagrada família* [*Die heilige Familie*]. Marx publica no *Vorwärts!* artigo sobre a greve na Silésia.

Em fevereiro, Engels publica *Esboço para uma crítica da economia política* [*Umrisse zu einer Kritik der Nationalökonomie*], texto que influenciou profundamente Marx. Segue à frente dos negócios do pai, escreve para os *Deutsch-Französische Jahrbücher* e colabora com o jornal *Vorwärts!*. Deixa Manchester. Em Paris torna-se amigo de Marx, com quem desenvolve atividades militantes, o que os leva a criar laços cada vez mais profundos com as organizações de trabalhadores de Paris e Bruxelas. Vai para Barmen.

1845 Por causa do artigo sobre a greve na Silésia, a pedido do governo prussiano Marx é expulso da França, juntamente com Bakunin, Bürgers e Bornstedt. Muda-se para Bruxelas e, em colaboração com Engels, escreve e publica em Frankfurt *A sagrada família*. Ambos começam a escrever *A ideologia alemã* [*Die deutsche Ideologie*] e Marx elabora "As teses sobre Feuerbach" [*Thesen über Feuerbach*]. Em setembro nasce Laura, segunda filha de Marx e Jenny. Em dezembro, ele renuncia à nacionalidade prussiana.

As observações de Engels sobre a classe trabalhadora de Manchester, feitas anos antes, formam a base de uma de suas obras principais, *A situação da classe trabalhadora na Inglaterra* [*Die Lage der arbeitenden Klasse in England*] (publicada primeiramente em alemão; a edição seria traduzida para o inglês 40 anos mais tarde). Em Barmen organiza debates sobre as ideias comunistas junto com Hess e profere os *Discursos de Elberfeld*. Em abril sai de Barmen e encontra Marx em Bruxelas. Juntos, estudam economia e

Lutas de classes na Alemanha

Karl Marx

Friedrich Engels
fazem uma breve visita a Manchester (julho e agosto), onde percorrem alguns jornais locais, como o *Manchester Guardian* e o *Volunteer Journal for Lancashire and Cheshire*. Lançada *A situação da classe trabalhadora na Inglaterra*, em Leipzig. Começa sua vida em comum com Mary Burns.

1846 Marx e Engels organizam em Bruxelas o primeiro Comitê de Correspondência da Liga dos Justos, uma rede de correspondentes comunistas em diversos países, a qual Proudhon se nega a integrar. Em carta a Annenkov, Marx critica o recém-publicado *Sistema das contradições econômicas ou Filosofia da miséria* [*Système des contradictions économiques ou Philosophie de la misère*], de Proudhon. Redige com Engels a *Zirkular gegen Kriege* [Circular contra Kriege], crítica a um alemão emigrado dono de um periódico socialista em Nova York. Por falta de editor, Marx e Engels desistem de publicar *A ideologia alemã* (a obra só seria publicada em 1932, na União Soviética). Em dezembro nasce Edgar, o terceiro filho de Marx.

Seguindo instruções do Comitê de Bruxelas, Engels estabelece estreitos contatos com socialistas e comunistas franceses. No outono, ele se desloca para Paris com a incumbência de estabelecer novos comitês de correspondência. Participa de um encontro de trabalhadores alemães em Paris, propagando ideias comunistas e discorrendo sobre a utopia de Proudhon e o socialismo real de Karl Grün.

1847 Filia-se à Liga dos Justos, em seguida nomeada Liga dos Comunistas. Realiza-se o primeiro congresso da associação em Londres (junho), ocasião em que se encomenda a Marx e Engels um manifesto dos comunistas. Eles participam do congresso de trabalhadores alemães em Bruxelas e, juntos, fundam a Associação Operária Alemã de Bruxelas. Marx é eleito vice-presidente da Associação Democrática. Conclui e publica a edição francesa de *Miséria da filosofia* [*Misère de la philosophie*] (Bruxelas, julho).

Engels viaja a Londres e participa com Marx do I Congresso da Liga dos Justos. Publica *Princípios do comunismo* [*Grundsätze des Kommunismus*], uma "versão preliminar" do *Manifesto Comunista* [*Manifest der Kommunistischen Partei*]. Em Bruxelas, junto com Marx, participa da reunião da Associação Democrática, voltando em seguida a Paris para mais uma série de encontros. Depois de atividades em Londres, volta a Bruxelas e escreve, com Marx, o *Manifesto Comunista*.

Cronologia resumida

	Karl Marx	**Friedrich Engels**
1848	Marx discursa sobre o livre-cambismo numa das reuniões da Associação Democrática. Com Engels publica, em Londres (fevereiro), o *Manifesto Comunista*. O governo revolucionário francês, por meio de Ferdinand Flocon, convida Marx a morar em Paris depois que o governo belga o expulsa de Bruxelas. Redige com Engels "Reivindicações do Partido Comunista da Alemanha" [*Forderungen der Kommunistischen Partei in Deutschland*] e organiza o regresso dos membros alemães da Liga dos Comunistas à pátria. Com sua família e com Engels, muda-se em fins de maio para Colônia, onde ambos fundam o jornal *Neue Rheinische Zeitung* [Nova Gazeta Renana], cuja primeira edição é publicada em 1º de junho com o subtítulo *Organ der Demokratie*. Marx começa a dirigir a Associação Operária de Colônia e acusa a burguesia alemã de traição. Proclama o terrorismo revolucionário como único meio de amenizar "as dores de parto" da nova sociedade. Conclama ao boicote fiscal e à resistência armada.	Expulso da França por suas atividades políticas, chega a Bruxelas no fim de janeiro. Juntamente com Marx, toma parte na insurreição alemã, de cuja derrota falaria quatro anos depois em *Revolução e contrarrevolução na Alemanha* [*Revolution und Konterevolution in Deutschland*]. Engels exerce o cargo de editor do *Neue Rheinische Zeitung*, recém-criado por ele e Marx. Participa, em setembro, do Comitê de Segurança Pública criado para rechaçar a contrarrevolução, durante grande ato popular promovido pelo *Neue Rheinische Zeitung*. O periódico sofre suspensões, mas prossegue ativo. Procurado pela polícia, tenta se exilar na Bélgica, onde é preso e depois expulso. Muda-se para a Suíça.
1849	Marx e Engels são absolvidos em processo por participação nos distúrbios de Colônia (ataques a autoridades publicados no *Neue Rheinische Zeitung*). Ambos defendem a liberdade de imprensa na Alemanha. Marx é convidado a deixar o país, mas ainda publicaria *Trabalho assalariado e capital* [*Lohnarbeit und Kapital*]. O periódico, em difícil situação, é extinto (maio). Marx, em condição financeira precária (vende os próprios móveis para pagar as dívidas), tenta voltar a Paris, mas, impedido de ficar, é obrigado a deixar a cidade em 24 horas. Graças a uma campanha de arrecadação de fundos promovida por Ferdinand Lassalle na Alemanha, Marx se estabelece com a família em Londres, onde nasce Guido, seu quarto filho (novembro).	Em janeiro, Engels retorna a Colônia. Em maio, toma parte militarmente na resistência à reação. À frente de um batalhão de operários, entra em Elberfeld, motivo pelo qual sofre sanções legais por parte das autoridades prussianas, enquanto Marx é convidado a deixar o país. Publicado o último número do *Neue Rheinische Zeitung*. Marx e Engels vão para o sudoeste da Alemanha, onde Engels envolve-se no levante de Baden-Palatinado, antes de seguir para Londres.

Lutas de classes na Alemanha

	Karl Marx	**Friedrich Engels**
1850	Ainda em dificuldades financeiras, organiza a ajuda aos emigrados alemães. A Liga dos Comunistas reorganiza as sessões locais e é fundada a Sociedade Universal dos Comunistas Revolucionários, cuja liderança logo se fraciona. Edita em Londres a *Neue Rheinische Zeitung* [Nova Gazeta Renana], revista de economia política, bem como *Lutas de classe na França* [*Die Klassenkämpfe in Frankreich*]. Morre o filho Guido.	Publica *A guerra dos camponeses na Alemanha* [*Der deutsche Bauernkrieg*]. Em novembro, retorna a Manchester, onde viverá por vinte anos, e às suas atividades na Ermen & Engels; o êxito nos negócios possibilita ajudas financeiras a Marx.
1851	Continua em dificuldades, mas, graças ao êxito dos negócios de Engels em Manchester, conta com ajuda financeira. Dedica-se intensamente aos estudos de economia na biblioteca do Museu Britânico. Aceita o convite de trabalho do *New York Daily Tribune*, mas é Engels quem envia os primeiros textos, intitulados "Contrarrevolução na Alemanha", publicados sob a assinatura de Marx. Hermann Becker publica em Colônia o primeiro e único tomo dos *Ensaios escolhidos de Marx*. Nasce Francisca (28 de março), quinta de seus filhos.	Engels, juntamente com Marx, começa a colaborar com o Movimento Cartista [Chartist Movement]. Estuda língua, história e literatura eslava e russa.
1852	Envia ao periódico *Die Revolution*, de Nova York, uma série de artigos sobre *O 18 de brumário de Luís Bonaparte* [*Der achtzehnte Brumaire des Louis Bonaparte*]. Sua proposta de dissolução da Liga dos Comunistas é acolhida. A difícil situação financeira é amenizada com o trabalho para o *New York Daily Tribune*. Morre a filha Francisca, nascida um ano antes.	Publica *Revolução e contrarrevolução na Alemanha* [*Revolution und Konterevolution in Deutschland*]. Com Marx, elabora o panfleto *O grande homem do exílio* [*Die grossen Männer des Exils*] e uma obra, hoje desaparecida, chamada *Os grandes homens oficiais da Emigração*; nela, atacam os dirigentes burgueses da emigração em Londres e defendem os revolucionários de 1848-1849. Expõem, em cartas e artigos conjuntos, os planos do governo, da polícia e do judiciário prussianos, textos que teriam grande repercussão.

Cronologia resumida

	Karl Marx	**Friedrich Engels**
1853	Marx escreve, tanto para o *New York Daily Tribune* quanto para o *People's Paper*, inúmeros artigos sobre temas da época. Sua precária saúde o impede de voltar aos estudos econômicos interrompidos no ano anterior, o que faria somente em 1857. Retoma a correspondência com Lassalle.	Escreve artigos para o *New York Daily Tribune*. Estuda o persa e a história dos países orientais. Publica, com Marx, artigos sobre a Guerra da Crimeia.
1854	Continua colaborando com o *New York Daily Tribune*, dessa vez com artigos sobre a revolução espanhola.	
1855	Começa a escrever para o *Neue Oder Zeitung*, de Breslau, e segue como colaborador do *New York Daily Tribune*. Em 16 de janeiro nasce Eleanor, sua sexta filha, e em 6 de abril morre Edgar, o terceiro.	Escreve uma série de artigos para o periódico *Putman*.
1856	Ganha a vida redigindo artigos para jornais. Discursa sobre o progresso técnico e a revolução proletária em uma festa do *People's Paper*. Estuda a história e a civilização dos povos eslavos. A esposa Jenny recebe uma herança da mãe, o que permite que a família mude para um apartamento mais confortável.	Acompanhado da mulher, Mary Burns, Engels visita a terra natal dela, a Irlanda.
1857	Retoma os estudos sobre economia política, por considerar iminente nova crise econômica europeia. Fica no Museu Britânico das nove da manhã às sete da noite e trabalha madrugada adentro. Só descansa quando adoece e aos domingos, nos passeios com a família em Hampstead. O médico o proíbe de trabalhar à noite. Começa a redigir os manuscritos que viriam a ser conhecidos como *Grundrisse der Kritik der Politischen Ökonomie* [Esboços de uma crítica da economia política], e que servirão de base à obra *Para a crítica da economia política* [*Zur Kritik der Politischen Ökonomie*]. Escreve a célebre *Introdução de 1857*. Continua a colaborar no *New York Daily Tribune*. Escreve	Adoece gravemente em maio. Analisa a situação no Oriente Médio, estuda a questão eslava e aprofunda suas reflexões sobre temas militares. Sua contribuição para a *New American Encyclopaedia* [Nova Enciclopédia Americana], versando sobre as guerras, faz de Engels um continuador de Von Clausewitz e um precursor de Lenin e Mao Tsé-Tung. Continua trocando cartas com Marx, discorrendo sobre a crise na Europa e nos Estados Unidos.

Lutas de classes na Alemanha

Karl Marx	**Friedrich Engels**
artigos sobre Jean-Baptiste Bernadotte, Simón Bolívar, Gebhard Blücher e outros na *New American Encyclopaedia* [Nova Enciclopédia Americana]. Atravessa um novo período de dificuldades financeiras e tem um novo filho, natimorto.	

1858 — O *New York Daily Tribune* deixa de publicar alguns de seus artigos. Marx dedica-se à leitura de *Ciência da lógica* [*Wissenschaft der Logik*] de Hegel. Agravam-se os problemas de saúde e a penúria.

Engels dedica-se ao estudo das ciências naturais.

1859 — Publica em Berlim *Para a crítica da economia política*. A obra só não fora publicada antes porque não havia dinheiro para postar o original. Marx comentaria: "Seguramente é a primeira vez que alguém escreve sobre o dinheiro com tanta falta dele". O livro, muito esperado, foi um fracasso. Nem seus companheiros mais entusiastas, como Liebknecht e Lassalle, o compreenderam. Escreve mais artigos no *New York Daily Tribune*. Começa a colaborar com o periódico londrino *Das Volk*, contra o grupo de Edgar Bauer. Marx polemiza com Karl Vogt (a quem acusa de ser subsidiado pelo bonapartismo), Blind e Freiligrath.

Faz uma análise, junto com Marx, da teoria revolucionária e suas táticas, publicada em coluna do *Das Volk*. Escreve o artigo "Po und Rhein" [Pó e Reno], em que analisa o bonapartismo e as lutas liberais na Alemanha e na Itália. Enquanto isso, estuda gótico e inglês arcaico. Em dezembro, lê o recém-publicado *A origem das espécies* [*The Origin of Species*], de Darwin.

1860 — Vogt começa uma série de calúnias contra Marx, e as querelas chegam aos tribunais de Berlim e Londres. Marx escreve *Herr Vogt* [Senhor Vogt].

Engels vai a Barmen para o sepultamento de seu pai (20 de março). Publica a brochura *Savoia, Nice e o Reno* [*Savoyen, Nizza und der Rhein*], polemizando com Lassalle. Continua escrevendo para vários periódicos, entre eles o *Allgemeine Militar Zeitung*. Contribui com artigos sobre o conflito de secessão nos Estados Unidos no *New York Daily Tribune* e no jornal liberal *Die Presse*.

1861 — Enfermo e depauperado, Marx vai à Holanda, onde o tio Lion Philiph concorda em adiantar-lhe uma quantia, por conta da herança de sua mãe. Volta a Berlim e projeta

Cronologia resumida

	Karl Marx	**Friedrich Engels**
	com Lassalle um novo periódico. Reencontra velhos amigos e visita a mãe em Trier. Não consegue recuperar a nacionalidade prussiana. Regressa a Londres e participa de uma ação em favor da libertação de Blanqui. Retoma seus trabalhos científicos e a colaboração com o *New York Daily Tribune* e o *Die Presse* de Viena.	
1862	Trabalha o ano inteiro em sua obra científica e encontra-se várias vezes com Lassalle para discutirem seus projetos. Em suas cartas a Engels, desenvolve uma crítica à teoria ricardiana sobre a renda da terra. O *New York Daily Tribune*, justificando-se com a situação econômica interna norte-americana, dispensa os serviços de Marx, o que reduz ainda mais seus rendimentos. Viaja à Holanda e a Trier, e novas solicitações ao tio e à mãe são negadas. De volta a Londres, tenta um cargo de escrevente da ferrovia, mas é reprovado por causa da caligrafia.	
1863	Marx continua seus estudos no Museu Britânico e se dedica também à matemática. Começa a redação definitiva de *O capital* [*Das Kapital*] e participa de ações pela independência da Polônia. Morre sua mãe (novembro), deixando-lhe algum dinheiro como herança.	Morre, em Manchester, Mary Burns, companheira de Engels (6 de janeiro). Ele permaneceria morando com a cunhada Lizzie. Esboça, mas não conclui, um texto sobre rebeliões camponesas.
1864	Malgrado a saúde, continua a trabalhar em sua obra científica. É convidado a substituir Lassalle (morto em duelo) na Associação Geral dos Operários Alemães. O cargo, entretanto, é ocupado por Becker. Apresenta o projeto e o estatuto de uma Associação Internacional dos Trabalhadores, durante encontro internacional no Saint Martin's Hall de Londres. Marx elabora o Manifesto de Inauguração da Associação Internacional dos Trabalhadores.	Engels participa da fundação da Associação Internacional dos Trabalhadores, depois conhecida como a Primeira Internacional. Torna-se coproprietário da Ermen & Engels. No segundo semestre, contribui, com Marx, para o *Sozial-Demokrat*, periódico da social-democracia alemã que populariza as ideias da Internacional na Alemanha.

Lutas de classes na Alemanha

	Karl Marx	**Friedrich Engels**
1865	Conclui a primeira redação de *O capital* e participa do Conselho Central da Internacional (setembro), em Londres. Marx escreve *Salário, preço e lucro* [*Lohn, Preis und Profit*]. Publica no *Sozial-Demokrat* uma biografia de Proudhon, morto recentemente. Conhece o socialista francês Paul Lafargue, seu futuro genro.	Recebe Marx em Manchester. Ambos rompem com Schweitzer, diretor do *Sozial-Demokrat*, por sua orientação lassalliana. Suas conversas sobre o movimento da classe trabalhadora na Alemanha resultam em artigo para a imprensa. Engels publica *A questão militar na Prússia e o Partido Operário Alemão* [*Die preussische Militärfrage und die deutsche Arbeiterpartei*].
1866	Apesar dos intermináveis problemas financeiros e de saúde, Marx conclui a redação do primeiro livro de *O capital*. Prepara a pauta do primeiro Congresso da Internacional e as teses do Conselho Central. Pronuncia discurso sobre a situação na Polônia.	Escreve a Marx sobre os trabalhadores emigrados da Alemanha e pede a intervenção do Conselho Geral da Internacional.
1867	O editor Otto Meissner publica, em Hamburgo, o primeiro volume de *O capital*. Os problemas de Marx o impedem de prosseguir no projeto. Redige instruções para Wilhelm Liebknecht, recém-ingressado na Dieta prussiana como representante social-democrata.	Engels estreita relações com os revolucionários alemães, especialmente Liebknecht e Bebel. Envia carta de congratulações a Marx pela publicação do primeiro volume de *O capital*. Estuda as novas descobertas da química e escreve artigos e matérias sobre *O capital*, com fins de divulgação.
1868	Piora o estado de saúde de Marx, e Engels continua ajudando-o financeiramente. Marx elabora estudos sobre as formas primitivas de propriedade comunal, em especial sobre o *mir* russo. Corresponde-se com o russo Danielson e lê Dühring. Bakunin se declara discípulo de Marx e funda a Aliança Internacional da Social-Democracia. Casamento da filha Laura com Lafargue.	Engels elabora uma sinopse do primeiro volume de *O capital*.

Cronologia resumida

	Karl Marx	**Friedrich Engels**
1869	Liebknecht e Bebel fundam o Partido Operário Social-Democrata alemão, de linha marxista. Marx, fugindo das polícias da Europa continental, passa a viver em Londres, com a família, na mais absoluta miséria. Continua os trabalhos para o segundo livro de *O capital*. Vai a Paris sob nome falso, onde permanece algum tempo na casa de Laura e Lafargue. Mais tarde, acompanhado da filha Jenny, visita Kugelmann em Hannover. Estuda russo e a história da Irlanda. Corresponde-se com De Paepe sobre o proudhonismo e concede uma entrevista ao sindicalista Haman sobre a importância da organização dos trabalhadores.	Em Manchester, dissolve a empresa Ermen & Engels, que havia assumido após a morte do pai. Com um soldo anual de 350 libras, auxilia Marx e sua família; com ele, mantém intensa correspondência. Começa a contribuir com o *Volksstaat*, o órgão de imprensa do Partido Social-Democrata alemão. Escreve uma pequena biografia de Marx, publicada no *Die Zukunft* (julho). Lançada a primeira edição russa do *Manifesto Comunista*. Em setembro, acompanhado de Lizzie, Marx e Eleanor, visita a Irlanda.
1870	Continua interessado na situação russa e em seu movimento revolucionário. Em Genebra instala-se uma seção russa da Internacional, na qual se acentua a oposição entre Bakunin e Marx, que redige e distribui uma circular confidencial sobre as atividades dos bakunistas e sua aliança. Redige o primeiro comunicado da Internacional sobre a guerra franco-prussiana e exerce, a partir do Conselho Central, uma grande atividade em favor da República francesa. Por meio de Serrailler, envia instruções para os membros da Internacional presos em Paris. A filha Jenny colabora com Marx em artigos para *A Marselhesa* sobre a repressão dos irlandeses por policiais britânicos.	Engels escreve *História da Irlanda* [*Die Geschichte Irlands*]. Começa a colaborar com o periódico inglês *Pall Mall Gazette*, discorrendo sobre a guerra franco-prussiana. Deixa Manchester em setembro, acompanhado de Lizzie, e instala-se em Londres para promover a causa comunista. Lá continua escrevendo para o *Pall Mall Gazette*, dessa vez sobre o desenvolvimento das oposições. É eleito por unanimidade para o Conselho Geral da Primeira Internacional. O contato com o mundo do trabalho permitiu a Engels analisar, em profundidade, as formas de desenvolvimento do modo de produção capitalista. Suas conclusões seriam utilizadas por Marx em *O capital*.
1871	Atua na Internacional em prol da Comuna de Paris. Instrui Frankel e Varlin e redige o folheto *Der Bürgerkrieg in Frankreich* [A guerra civil na França]. É violentamente atacado pela imprensa conservadora. Em setembro, durante a Internacional	Prossegue suas atividades no Conselho Geral e atua junto à Comuna de Paris, que instaura um governo operário na capital francesa entre 26 de março e 28 de maio. Participa com Marx da Conferência de Londres da Internacional.

Lutas de classes na Alemanha

Karl Marx	Friedrich Engels
em Londres, é reeleito secretário da seção russa. Revisa o primeiro volume de *O capital* para a segunda edição alemã.	
1872 Acerta a primeira edição francesa de *O capital* e recebe exemplares da primeira edição russa, lançada em 27 de março. Participa dos preparativos do V Congresso da Internacional em Haia, quando se decide a transferência do Conselho Geral da organização para Nova York. Jenny, a filha mais velha, casa-se com o socialista Charles Longuet.	Redige com Marx uma circular confidencial sobre supostos conflitos internos da Internacional, envolvendo bakunistas na Suíça, intitulado *As pretensas cisões na Internacional* [*Die angeblichen Spaltungen in der Internationale*]. Ambos intervêm contra o lassalianismo na social-democracia alemã e escrevem um prefácio para a nova edição alemã do *Manifesto Comunista*. Engels participa do Congresso da Associação Internacional dos Trabalhadores.
1873 Impressa a segunda edição de *O capital* em Hamburgo. Marx envia exemplares a Darwin e Spencer. Por ordens de seu médico, é proibido de realizar qualquer tipo de trabalho.	Com Marx, escreve para periódicos italianos uma série de artigos sobre as teorias anarquistas e o movimento das classes trabalhadoras.
1874 Negada a Marx a cidadania inglesa, "por não ter sido fiel ao rei". Com a filha Eleanor, viaja a Karlsbad para tratar da saúde numa estação de águas.	Prepara a terceira edição de *A guerra dos camponeses alemães*.
1875 Continua seus estudos sobre a Rússia. Redige observações ao Programa de Gotha, da social-democracia alemã.	Por iniciativa de Engels, é publicada *Crítica do Programa de Gotha* [*Kritik des Gothaer Programms*], de Marx.
1876 Continua o estudo sobre as formas primitivas de propriedade na Rússia. Volta com Eleanor a Karlsbad para tratamento.	Elabora escritos contra Dühring, discorrendo sobre a teoria marxista, publicados inicialmente no *Vorwärts!* e transformados em livro posteriormente.
1877 Marx participa de campanha na imprensa contra a política de Gladstone em relação à Rússia e trabalha no segundo volume de *O capital*. Acometido novamente de insônias e transtornos nervosos, viaja com a esposa e a filha Eleanor para descansar em Neuenahr e na Floresta Negra.	Conta com a colaboração de Marx na redação final do *Anti-Dühring* [*Herrn Eugen Dühring's Umwälzung der Wissenschaft*]. O amigo colabora com o capítulo 10 da parte 2 ("Da história crítica"), discorrendo sobre a economia política.

Cronologia resumida

	Karl Marx	**Friedrich Engels**
1878	Paralelamente ao segundo volume de *O capital*, Marx trabalha na investigação sobre a comuna rural russa, complementada com estudos de geologia. Dedica-se também à *Questão do Oriente* e participa de campanha contra Bismarck e Lothar Bücher.	Publica o *Anti-Dühring* e, atendendo a pedido de Wolhelm Bracke feito um ano antes, publica pequena biografia de Marx, intitulada *Karl Marx*. Morre Lizzie.
1879	Marx trabalha nos volumes II e III de *O capital*.	
1880	Elabora um projeto de pesquisa a ser executado pelo Partido Operário francês. Torna-se amigo de Hyndman. Ataca o oportunismo do periódico *Sozial-Demokrat* alemão, dirigido por Liebknecht. Escreve as *Randglossen zu Adolph Wagners Lehrbuch der politischen Ökonomie* [Glosas marginais ao tratado de economia política de Adolph Wagner]. Bebel, Bernstein e Singer visitam Marx em Londres.	Engels lança uma edição especial de três capítulos do *Anti-Dühring*, sob o título *Socialismo utópico e científico* [*Die Entwicklung des Socialismus Von der Utopie zur Wissenschaft*]. Marx escreve o prefácio do livro. Engels estabelece relações com Kautsky e conhece Bernstein.
1881	Prossegue os contatos com os grupos revolucionários russos e mantém correspondência com Zasulitch, Danielson e Nieuwenhuis. Recebe a visita de Kautsky. Jenny, sua esposa, adoece. O casal vai a Argenteuil visitar a filha Jenny e Longuet. Morre Jenny Marx.	Enquanto prossegue em suas atividades políticas, estuda a história da Alemanha e prepara *Labor Standard*, um diário dos sindicatos ingleses. Escreve um obituário pela morte de Jenny Marx (8 de dezembro).
1882	Continua as leituras sobre os problemas agrários da Rússia. Acometido de pleurisia, visita a filha Jenny em Argenteuil. Por prescrição médica, viaja pelo Mediterrâneo e pela Suíça. Lê sobre física e matemática.	Redige com Marx um novo prefácio para a edição russa do *Manifesto Comunista*.
1883	A filha Jenny morre em Paris (janeiro). Deprimido e muito enfermo, com problemas respiratórios, Marx morre em Londres, em 14 de março. É sepultado no Cemitério de Highgate.	Começa a esboçar *A dialética da natureza* [*Dialektik der Natur*], publicada postumamente em 1927. Escreve outro obituário, dessa vez para a filha de Marx, Jenny. No sepultamento de Marx, profere o que ficaria conhecido como *Discurso diante da sepultura de Marx* [*Das Begräbnis von Karl Marx*]. Após a morte do amigo, publica uma edição inglesa do primeiro

Lutas de classes na Alemanha

	Karl Marx	**Friedrich Engels**
		volume de *O capital*; imediatamente depois, prefacia a terceira edição alemã da obra, e já começa a preparar o segundo volume.
1884		Publica *A origem da família, da propriedade privada e do Estado* [*Der Ursprung der Familie, des Privateigentum und des Staates*].
1885		Editado por Engels, é publicado o segundo volume de *O capital*.
1887		Karl Kautsky conclui o artigo "O socialismo jurídico", resposta de Engels a livro do jurista austríaco Anton Menger, e o publica sem assinatura na *Neue Zeit*.
1894		Também editado por Engels, é publicado o terceiro volume de *O capital*. O mundo acadêmico ignorou a obra por muito tempo, embora os principais grupos políticos logo tenham começado a estudá-la. Engels publica os textos *Contribuição à história do cristianismo primitivo* [*Zur Geschischte des Urchristentums*] e *A questão camponesa na França e na Alemanha* [*Die Bauernfrage in Frankreich und Deutschland*].
1895		Redige uma nova introdução para *As lutas de classes na França*. Após longo tratamento médico, Engels morre em Londres (5 de agosto). Suas cinzas são lançadas ao mar em Eastbourne. Dedicou-se até o fim da vida a completar e traduzir a obra de Marx, ofuscando a si próprio e a sua obra em favor do que ele considerava a causa mais importante.

OUTROS LIVROS DA COLEÇÃO MARX-ENGELS

O 18 de brumário de Luís Bonaparte
Karl Marx

Anti-Dühring: a revolução da ciência segundo o senhor Eugen Dühring
Friedrich Engels

O capital: crítica da economia política, Livro I
Karl Marx

O capital: crítica da economia política, Livro II
Karl Marx
Edição de **Friedrich Engels**

O capital: crítica da economia política, Livro III
Karl Marx
Edição de **Friedrich Engels**

Crítica da filosofia do direito de Hegel
Karl Marx

Crítica do Programa de Gotha
Karl Marx

Os despossuídos: debates sobre a lei referente ao fundo de madeira
Karl Marx

Dialética da Natureza
Friedrich Engels

Diferença entre a filosofia da natureza de Demócrito e a de Epicuro
Karl Marx

Escritos ficcionais: Escorpião Félix/ Oulanem
Karl Marx

Grundrisse: manuscritos econômicos de 1857-1858
Karl Marx

A guerra civil na França
Karl Marx

A ideologia alemã
Karl Marx e **Friedrich Engels**

Lutas de classes na Alemanha
Karl Marx e **Friedrich Engels**

As lutas de classes na França de 1848 a 1850
Karl Marx

Lutas de classes na Rússia
Textos de **Karl Marx** e **Friedrich Engels**

Manifesto Comunista
Karl Marx e **Friedrich Engels**

Manuscritos econômico-filosóficos
Karl Marx

Miséria da filosofia
Karl Marx

A origem da família, da propriedade privada e do Estado
Friedrich Engels

Resumo de O capital
Friedrich Engels

A sagrada família
Karl Marx e **Friedrich Engels**

A situação da classe trabalhadora na Inglaterra
Friedrich Engels

O socialismo jurídico
Friedrich Engels

Sobre a questão da moradia
Friedrich Engels

Sobre a questão judaica
Karl Marx

Sobre o suicídio
Karl Marx

Últimos escritos econômicos
Karl Marx

Este livro foi composto em Optima 10/12
e Palatino 10/12 e reimpresso em papel
Pólen Natural 80 g/m² pela gráfica Rettec,
para a Boitempo, em abril de 2024, com
tiragem de 1.000 exemplares.